Impressum

Text: Julia Braun, Ann-Cathrin Klose, Benjamin Schaefer, Alexandra Strohmeier
Idee, Konzept, Lektorat: Philipp Appenzeller, Rieke Kersting
Grafik: www.gudrunbarthdesign.com
Druck und Weiterverarbeitung: Offizin Andersen Nexö Leipzig GmbH
Papier: 100% Recycling, EnviroTop (Umschlag), EnviroStar (Inhalt)

Alle Angaben in diesem Stadtführer erfolgen ohne Gewähr und ohne Anspruch auf Vollständigkeit.

ISBN: 978-3-942733-01-4

1. Auflage 2011

©rap verlag, Freiburg im Breisgau, in der R.A.P. Presse-Verlag-Werbung GmbH

Kontakt: kontakt@rap-verlag.de

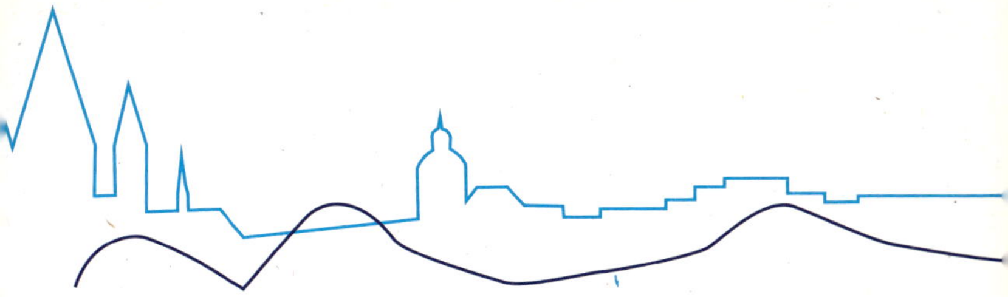

»ENDLICH MAINZ!«

Dein Stadtführer

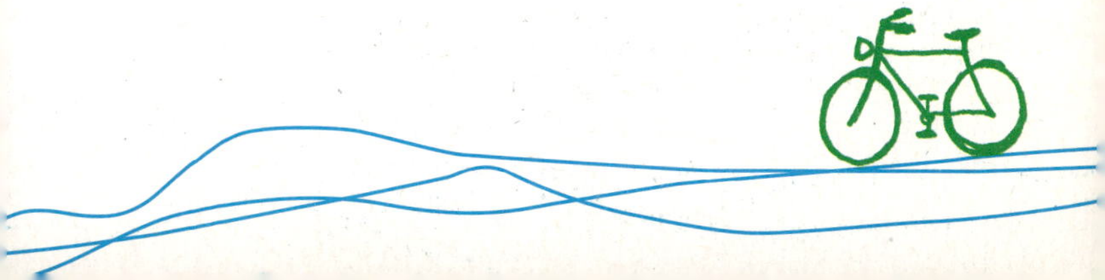

Mainz ... endlich!

Weltoffene Uni-Stadt, Narrenhochburg, Rheinidylle, sympathischster Fleck des Universums, ausschließlich glückliche Menschen und Du bist endlich da!

... aber schon gehen die Probleme los: Du liest unzählige Wohnungsanzeigen, weißt aber nicht, in welchem Stadtteil man schön, naturnah, günstig, studentisch oder besonders exklusiv wohnen kann. Du möchtest es am Wochenende mal so richtig krachen lassen, landest aber – Du wusstest es nicht besser – beim gemütlichen Folk-Abend. Du hast vergessen, für den Sonntag einzukaufen und keine Ahnung, wo Du jetzt noch was zu essen herbekommst. Das sind nur einige klassische Hürden, die eine neue Stadt so mit sich bringt.

Meist dauert es eine halbe Ewigkeit, bis man sich richtig gut auskennt und bis dahin muss man so einiges über sich ergehen lassen.

Aber jetzt ist Schluss damit: Dieses Buch soll Dir eben diese Jahre voller Selbstversuche, Entgleisungen und Kompromisse ersparen und Dir helfen, Dich in Deiner Stadt von Anfang an zu Hause zu fühlen. Essen, Trinken, Feiern und Genießen, Freizeit, Kultur, Spaß und einfach Leben. Genau darum geht es in **»ENDLICH MAINZ!«**

Damit Du das alles so richtig auskosten kannst, sind unsere Autorinnen und Autoren durch die ganze Stadt gejagt – immer auf der Suche nach den schönsten Ecken, den besten Leckerbissen, den ausgefallensten Kuriositäten und dem ganz Besonderen in Mainz. Sie haben viele Kilometer zu Fuß, mit dem Fahrrad oder Auto zurückgelegt, Klemmbrett und

Kamera in der Hand, haben Notizen gemacht, Fotos geschossen und dabei Regen und Wind getrotzt. Das alles hat sich aber wirklich gelohnt, denn heute hältst Du tatsächlich dieses Buch in Deinen Händen.

Es ist vorläufig fertig, soll sich aber als Dein persönlicher Ratgeber und Begleiter immer wieder verändern und weiterentwickeln. Das Tolle ist also, Du darfst – ja sollst sogar – in diesem Buch herummalen, Kommentare an den Rand schreiben, Sachen durchstreichen, markieren und aktualisieren und ihm Deine persönliche Note verleihen (Natürlich nur, wenn es Dir auch gehört, und nicht, wenn Du es gerade im Buchladen anschaust). Um Dir die Hemmungen zu nehmen, haben wir selbst schon einmal angefangen mit kritzeln, malen und markieren ...

Wir wünschen Dir viel Spaß mit

》ENDLICH MAINZ!《

und Deiner neuen Stadt!

Rieke kersting
Philipp Appenzeller

》ENDLICH MAINZ!《

Jetzt auch online:
www.facebook.com/
EndlichMainz

endlich   Mainz   endlich
endlich   Mainz

Häus

zu Hause

zu Hause

zu Hause

zu Hause

Wo

Wo wohnst Du?

Wo wohnst Du?

Wo

Heimat
wohnen

schön

gemütlich   zu Hause

Gartenzaun

endlich

Gartenzaun   schön

Gartenzaun   Häuschen   Nachbar

hen   Nachbar   gemütlich

nung Wohnung   Park

Wohnung   zu Hause

Häuschen schön   Heimat

endlich

zu Hause Park
gemütlich Heimat
wohnen

Bedienungsanleitung

Als Neuling in einer Stadt benötigt man zunächst natürlich ganz dringend eines: eine Wohnung, in der man sich wohlfühlt. Denn wo sonst könnte man mit Freunden lustige, mit lieben Menschen lauschige oder alleine ein paar ruhige Stunden verbringen? Doch ob eine Wohnung für solche Wohlfühlmomente geschaffen ist, hängt oft auch einfach vom entsprechenden Stadtteil ab.

Eingesessene Mainzer haben natürlich direkt Bilder vor Augen, wenn sie die Namen „Mombach", „Weisenau" oder „Drais" hören, und können ganz intuitiv entscheiden, ob sie dort wohnen wollen oder nicht. Doch als Neuling hast Du einfach keine Ahnung, wo sich das richtige Fleckchen für Dich versteckt.

Wir wollen Dir die ohnehin nicht einfache Wohnungssuche in Mainz etwas erleichtern und stellen deshalb jeden Stadtteil übersichtlich auf je einer Doppelseite vor. Dies soll Dir dabei helfen, einen Eindruck zu bekommen, welche Ecken Du für Dich persönlich von vornherein ausschließen kannst und welche Anzeigen Du in der Zeitung dick umkringeln solltest. Bist du eher der Typ für den schnellen Überblick, schau Dir die gelben Infoboxen an, denn hier sind kurz die wichtigsten Eckdaten aufgeführt:

Hochhausdichte: Hier erfährst Du, wie viel Betongrau Dich in Form von Hochhäusern erwartet. Die sind natürlich nicht gerade ein Augenschmaus und können die Atmosphäre im Stadtteil ziemlich prägen.

U30-Quote: Ganz wichtig für das Lebensgefühl im Stadtteil! Gibt es viele Studenten, ist diese Quote natürlich besonders hoch (um 40 %), bestimmen eher Senioren das Straßenbild, kann sie bis nah an die 30 %-Grenze fallen.

STADTTEIL REKORD

Einwohnerdichte: Kann man dem Nachbarn gegenüber problemlos auf den Teller schauen, ohne dabei aus dem Bett aufstehen zu müssen? Oder muss man schon mal zum Telefon greifen, weil der Weg einfach zu weit ist?

Grünfläche: In der Tat gibt es in Mainz einige grüne Fleckchen zum Erholen oder um die Natur zu erkunden. In einigen Stadtteilen mehr und in anderen eben weniger.

Distanz zum Hoefchen: Mit seinem Standort neben dem Theater und mitten in der City ist das Hoefchen ein beliebter Treffpunkt für Unternehmungen jeder Art. Da es obendrein auch noch eine der Bushaltestellen ist, an der die meisten Busse halten, ist das Ganze auch noch enorm praktisch, da man nur einen Fuß aus dem Bus setzen muss und schon da ist. Deshalb erfährst du bei jedem Stadtteil auch gleich dessen Distanz zum Hoefchen und kannst dadurch einschätzen, wie weit es zum Zentrum ist.

Kneipendichte: Hier erfährst Du, ob Du mal schnell um die Ecke ein Feierabendbierchen trinken kannst oder ob Du dazu weitere Strecken auf Dich nehmen oder sogar in die Innenstadt pilgern musst. Natürlich lässt sich dadurch auch in etwa die Höhe des nächtlichen Lärmpegels erschließen.

Der besondere Platz:
Jeder noch so kleine oder graue Stadtteil hat in der Regel einen ganz besonderen Platz – ein Fleckchen Natur mit herrlichem Ausblick, ein tolles Café oder etwas ganz besonders Kurioses. Damit Du nicht erst ewig nach den besonderen Plätzen suchen musst und Dich gleich noch ein bisschen wohler fühlst in Deiner neuen Stadt, zeigen wir Dir in jedem Stadtteil mindestens einen besonderen Platz.

NOTIZEN

Quelle der Daten:
Die Angaben zu Hochhaus-
faktor, Grünfläche,
Kneipendichte und Höfchen-
Distanz stammen aus dem
reichen Erfahrungsschatz
echter Mainzer und inten-
siver eigener Recherche.
Die Daten für U30-Quote
und Einwohnerdichte stell-
te die **Statistikstelle des
Amts für Stadtentwick-
lung, Statistik und Wahlen
der Stadt Mainz** zur Verfügung. Danke!

zu Hause
gemütlich   Park
Heimat
wohnen

Altstadt

Wenn Du hier wohnst, bist Du definitiv mittendrin statt nur dabei. Das Leben in der Innenstadt bietet also einige Vorzüge, vor allem aber den, dass wirklich alles gerade um die Ecke ist: Ob Einkaufsmeile, Clubs, Bars oder Kneipen – alles ist problemlos in ein paar Minuten erreicht und zur Not kannst Du auch mal auf allen Vieren nach Hause ...

Bezieht man nicht gerade eine Wohnung in der Nähe der Rheinallee oder der Kaiserstraße, bleibt man trotz Innenstadt weitestgehend von Verkehrslärm verschont. Verkehrslärm: nein; Partylärm: ja. Denn vor allem zur Fastnachtszeit befindet sich ganz Mainz im Ausnahmezustand. Keiner muss arbeiten, alle sind auf den Straßen und feiern. Da darf man nicht zu empfindlich sein, was fröhlich-laute Meuten angeht, oder fremde Menschen, die eben mal für eine Nacht in Deinem Hausflur übernachten.

Bei dem ganzen Spaß muss der alte Gutenberg auch immer mitmachen, denn sein Denkmal vor dem Theater wird immer dem Anlass entsprechend neu eingekleidet: An Fastnacht trägt der Gute eine Narrenkapp und wenn die Mainzer Fußballer etwas zu feiern haben (was sie meist vom Theaterbalkon aus tun), wird er ausgestattet mit Fan-Käppi, Fußballschal und rot-weißer Flagge.

SHOPPING-
PARADIES

Inmitten der Altstadt reckt der ehrwürdige Dom seine Türme in die Höhe und wacht über das tägliche Treiben. Das auf dem Markt zum Beispiel, denn der findet genau zu seinen Füßen statt und bietet Dir dreimal die Woche die Möglichkeit, knackig frisches Obst und Gemüse einzukaufen.

Die historische Altstadt, welche sich in Form der Augustinerstraße vom Höfchen bis zum Südbahnhof erstreckt, lädt mit ihren vielen schnucke-ligen Lädchen und Boutiquen zum gemütlichen Bummeln und Schlen-dern ein. Auch Schlemmen kann man hier ganz wunderbar in den vielen kleinen Restaurants und Gaststätten. Und wie wär's mit einem Gläschen Wein in einer traditionellen Weinstube? Gleichzeitig eine gute Gelegen-heit, die herzlich-rustikale Mainzer Mentalität ein wenig näher kennen-zulernen. Brauchst Du einmal Abstand vom Trubel, fläz Dich an die Ufer von Vater Rhein und lass die Augen übers Wasser schweifen.

I N F O B O X

Hochhausfaktor:	
U30-Quote:	39,5 %
Einwohnerdichte:	
Grünfläche:	
Distanz zum Höfchen:	0 km
Kneipendichte:	

Der besondere Platz:

Johannes Gutenberg, der wahrscheinlich berühmteste Meenzer Bub der Geschichte, erfand hier einst den Buchdruck mit beweglichen Lettern. An das ihm gewidmete Gutenbergmuseum schließt sich ein kleiner Druckladen an. Dort kann man selbst Hand an die Druckerpresse legen und nach Gutenbergs Verfahren eigene kleine Druckwerke herstellen. Oder man genießt einfach nur den staubigen Geruch der alten Holzre-gale und der Druckerfarbe und geht mit ein paar selbstgekauften Büt-tenpapierkarten nach Hause.

zu Hause   Park
gemütlich   Heimat
wohnen

Bretzenheim

Bretzenheim ist einer der älteren Mainzer Vororte. Hier findest Du viele alte Häuschen und allerlei Geschichtsträchtiges. Welcher andere Ort kann schon von sich behaupten, ein Rathaus mit echtem Gefängnisturm zu besitzen? Zum Glück wird hier aber heute niemand mehr eingesperrt.

Irgendwann war die kleine Idylle zu beengt für ihre Bewohner und man hat angefangen drumherum zu bauen, wodurch einige neue Häuser und Wohnsiedlungen entstanden – unter anderem auch die etwas unansehnlichen Hochhauskomplexe am Südring. Doch davon mal abgesehen gibt es keinerlei größere Bausünden. Wenn Du schön wohnen willst, hast Du hier also gute Chancen.

Beliebt ist Bretzenheim vor allem auch wegen seiner Nähe zur Universität; diese steht an der Ortsgrenze zur Oberstadt. Das hat natürlich nicht nur für Studenten den Vorteil, morgens ein wenig länger schlafen zu können, Du kannst auch nach Lust und Laune das Sportgelände der Uni nutzen, zum Beispiel zum Beachvolleyballspielen oder Runden lau-

INFOBOX

Hochhausfaktor:			
U30-Quote:	35,7 %		
Einwohnerdichte:			
Grünfläche:			
Distanz zum Höfchen:	3,2 km		
Kneipendichte:	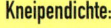		

fen. Auch das neue Mainzer Stadion, die Coface-Arena, liegt in Bret-
zenheimer Gefilden.

Das ist zwar praktisch für alle
Fußballfans, für die übrigen
Anwohner aber eher nicht, denn
vor Heimspielen wird es richtig
voll und alles wird zugeparkt.
Das ortseigene Gewerbegebiet
ist ein Paradies für Einkaufsfans,

vor allem dank des großen Gutenbergcenters. Doch auch
sonst kannst Du Dich dort amüsieren, zum Beispiel mit einer
Runde Bowling oder Billard. Feiern können die Bretzenhei-
mer auch und das tun sie vor allem während des alljährlichen
Bretzelfestes.

Der besondere Platz:
Die alte Ziegelei ist wahrlich ein außergewöhnlicher Ort. Wie der Name
schon sagt, wurden hier einst Ziegel hergestellt. Heute wird das von viel
Grün umgebene Gelände als Veranstaltungsort für öffentliche, aber
auch private Feste genutzt. Die Reste des verwinkelten, alten Gemäuers
bieten einige dunkle Ecken und Gänge, die erforscht werden wollen.
Deshalb ist die Ziegelei ein wirklich spannendes Ziel für einen Wochen-
endspaziergang.

Noch ein besonderer Platz:
Die Gaststätte „Zum Laternchen"
(An der Kirchenpforte 37) wurde im
Januar 2011 von Restauranttester
Christian Rach besucht. Gastwirt
Willi ist seitdem eine kleine Mainzer
Berühmtheit.

STADTTEILREKORD

Einziger Stadtteil mit was zu
essen im Wappen

zu Hause   Park
gemütlich   Heimat

Drais

Ein süßes, verträumtes Örtchen, dem man sofort anmerkt, dass es einst ein kleines Bauerndorf war. Hier trifft man sich auf einen Plausch am Gartenzaun, während ein lauer Wind durch die Blätter der Obstbäume raschelt und Hase und Igel sich an der nächsten Straßenecke gute Nacht sagen. Man hat fast das Gefühl, in Drais dreht sich die Uhr ein wenig langsamer als anderswo. Und genau das macht den Charakter des kleinsten Mainzer Stadtteils aus. Suchst Du Ruhe und Abgeschiedenheit, bist Du hier genau richtig, von Hektik und Lärm keine Spur. Dafür gibt es viel, sehr viel Feld.

In Drais leben viele Menschen noch ganz traditionell vom Obst- und Gemüseanbau. Das kommt natürlich auch den Einwohnern zugute, denn an jeder Straßenecke kann man frische Produkte aus erster Hand einkaufen. Eine Tatsache, die sich als äußerst praktisch erweist, wenn man bedenkt, dass es hier nur einen einzigen Supermarkt gibt. Sollte man also einen Großeinkauf planen, muss man dafür in der Regel einen der Nachbarorte aufsuchen.

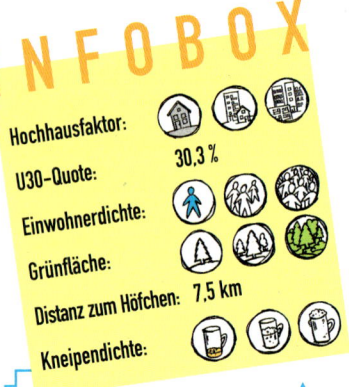

INFOBOX

Hochhausfaktor:

U30-Quote: 30,3 %

Einwohnerdichte:

Grünfläche:

Distanz zum Höfchen: 7.5 km

Kneipendichte:

Der besondere Platz:
Der Wipfel eines Kirschbaums in einer lauen Sommernacht, wenn kein Bauer mehr guckt und man sich ungestört den Bauch mit den kleinen roten Köstlichkeiten vollschlagen kann.

Das religiöse Zentrum des Ortes bildet die Maria-Königin-Kirche. „Na und?", mag da manch einer denken. Meist hat ja jedes Dorf seine eigene Kirche – doch bei dieser hier lohnt es sich tatsächlich, einmal einen Blick hineinzuwerfen. Unscheinbar von außen entzückt das Gebäude innen mit Artefakten der spätbarocken Kunst. Dennoch musste die Kirche während der Französischen Revolution kurzfristig als Pferdestall herhalten.

Trotz aller Abgeschiedenheit ist Drais nur einen Katzensprung von der Mainzer Innenstadt entfernt. Und bei all der Beschaulichkeit mag man es kaum glauben, dass in Drais der 1. Mainzer Bierclub ansässig ist.

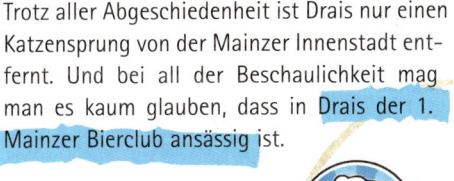

zu Hause Park
gemütlich
Heimat
wohnen

Ebersheim

Ende der 60er Jahre hatten die Ebersheimer die Wahl: Wollen wir zu Nieder-
Olm gehören, oder doch lieber zu
Mainz? Bei DER Auswahl fiel die
Entscheidung sicherlich schwer,
doch sie entschieden richtig. Heute findet man aber immer noch
Zeichen dafür, dass der Ort nicht schon immer zu
Mainz gehörte. Nehmen wir erst einmal die Entfer-
nung zur Stadt. Als Mainzer Vorort hat Ebersheim
zwar eine Stadtbusanbindung, doch es dauert gefühlte Stunden, bis man
die Innenstadt erreicht. Wenn Du Dich hier also niederlässt, ist es sehr
von Vorteil, wenn Du Auto besitzt oder aber ein großer Wind-und-Wet-
ter-Fahrradfreund bist. Darüber hinaus hat Ebersheim als einziger Mainzer Stadtteil eine andere Telefonvorwahl – sehr wichtiges Kriterium.

Doch ein solch abgelegener Ort hat
durchaus auch seine Vorteile. Hier bist
Du rundherum umgeben von Natur,
hauptsächlich von Feldern und Weinreben. Dies ist auch der Grund dafür, dass
gerade junge Familien gerne hierher
ziehen. Dementsprechend sieht auch
die Immobilienlandschaft aus: viele
kleine Ein- und Mehrfamilienhäuser,
Reihenhäuschen und Hofgüter – ein
bunter Mix aus altem Dorf und Neu-
baugebiet.

Auf Grund seines großen Engage-
ments im Weinbau und seiner Nähe
zu den kleinen Weinörtchen rund um

INFOBOX

Hochhausfaktor:	
U30-Quote:	34,5 %
Einwohnerdichte:	
Grünfläche:	
Distanz zum Höfchen:	11 km
Kneipendichte:	

Mainz, wird Ebersheim im Volksmund auch das „Tor nach Rheinhessen" genannt. Doch denk jetzt nicht, wo der Wein herkommt, findest Du auch ein blühendes Nachtleben mit Musik, Tanz und reichlich Rebensaft. Weit gefehlt! Zwar gibt es einige Weingüter, bei denen man leckeren regionalen Wein kaufen kann, doch Straußwirtschaften, die zu ausgelassenen, feucht-fröhlichen Abenden einladen, findet man nur vereinzelt. Für seine Metzger allerdings ist Ebersheim bis über die Ortsgrenzen hinaus bekannt, denn hier soll es tatsächlich die besten Mettbrötchen der ganzen Stadt geben.

Der besondere Platz:
Im Töngeshof am östlichen Ortsrand lässt es sich wahrlich schön wohnen. Denn der Hof gehörte früher zu einem Kloster und so sind die verschiedenen Wohngebäude noch heute ringförmig um einen kleinen Platz angeordnet. Diesen Platz betritt man durch einen Torbogen und ist sofort in einer eigenen kleinen Welt.

Ebersheim schließt das größte Mainzer Weinbaugebiet in seine Ortsgrenzen ein. Und da kann man als Rheinhesse durchaus mächtig stolz drauf sein.

endlich   Mainz   endlich

endlich   endlich   Mainz

zu Hause   Park
gemütlich   Heimat
wohnen

Finthen

Als westlichster Stadtteil ist Finthen an drei Seiten von Feld und Flur umgeben und Du solltest hier wirklich nur nach Wohnungen Ausschau halten, wenn Du explizit jegliches Getümmel vermeiden möchtest. Ländliche Ruhe und Besonnenheit gibt es hier dafür en masse. Doch das heißt nicht gleich, dass man in einem alten Fachwerkhaus wohnen muss, denn der alte Ortskern wurde in den letzten Jahrzehnten durch einige moderne Neubaugebiete ergänzt. Diese Kombination aus ländlicher Idylle und modernem Flair ist auch der Grund dafür, warum der Ort vor allem für junge Familien attraktiv ist.

Meist hat Neugebautes allerdings auch seine Schattenseiten, so auch hier: Es gibt leider auch einige sehr unansehnliche Hochhausanlagen, die man auch als allererstes sieht, wenn man von Gonsenheim aus in den Ort hineinfährt.

Finthen ist über seine Ortsgrenzen hinaus vor allem für eines bekannt: Spargel. Bekocht man Freunde oder Familie mit Finther Spargel, wird

INFOBOX

Hochhausfaktor:			
U30-Quote:	31,2 %		
Einwohnerdichte:			
Grünfläche:			
Distanz zum Höfchen:	8 km		
Kneipendichte:			

man in jedem Fall mit anerkennendem Schulterklopfen und zufriedenem Geschmatze belohnt. Natürlich wird das Spargelessen auch von den Einheimischen gebührend zelebriert. So findet hier alljährlich sogar ein Spargelfest statt, in dessen Rahmen auch eine Spargelkönigin gekürt wird.

Und auch der Finther Fastnachtsumzug, oder auch „Finther Zug der Lebensfreude", ist bei allen Mainzern mit Abstand der beliebteste Vorortsumzug. Dadurch hat das Örtchen jedes Jahr am Fastnachtssonntag die wahrscheinlich höchsten Besucherzahlen des Jahres vorzuweisen. Doch die Finther sind nicht überall nur beliebt. Schon seit ewigen Zeiten gibt es, vor allem im Rahmen der närrischen Jahreszeit, neckische Reiberein mit den Nachbarn aus Gonsenheim. Diese gipfeln allerdings höchstens mal darin, dass die Finther auf Gonsenheimer Sitzungen den Schwarzen Peter zugeschoben bekommen und mit allerlei Sticheleien bedacht werden.

Ein gewisses Quäntchen Glück bringt Finthen sicherlich auch, denn wie viele Orte gibt es schon, die ein Hufeisen im Wappen haben?

DIE MEISTEN OBSTBÄUME

NOTIZEN

Der besondere Platz:
Als einziger Vorort besitzt Finthen einen eigenen Flugplatz. Dieser diente einst als Militärstandort der Amerikaner, die sind aber seit 1992 zurück in der Heimat. 1980 hielt der Papst hier sogar eine Messe. Heute wird der Platz vom Luftfahrtverein betrieben und nach Absprache kann man kleine Rundflüge buchen.

endlich   Mainz   endlich

endlich   Mainz

zu Hause   Park
gemütlich
Heimat
wohnen

Gonsenheim

Hinter vorgehaltener Hand von einigen als Vorzeigestadtteil deklariert, lockt der größte der Mainzer Vororte mit harmonisch-bürgerlicher Wohnatmosphäre. Und hier lässt es sich wirklich wunderbar aushalten. Rund um den alten Ortskern erstreckt sich ein bodenständiges Wohngebiet, in dem hauptsächlich kleine Reihenhäuser stehen und durch dessen Mitte sich die Breite Straße zieht, die man fast schon als kleine „Einkaufsmeile" bezeichnen könnte. Es gibt viele bunte Geschäfte, die Dir die Möglichkeit eines Schaufensterbummels bieten, ohne dass Du dafür in die Innenstadt fahren musst.

Sogar ein kleines Villenviertel kann Gonsenheim sein Eigen nennen, durch das sich ein Spaziergang allemal lohnt. Und auch die gehobene Küche hat in Gonsenheim ihren festen Platz. Hier bewirtet Sternekoch Frank Buchholz im gleichnamigen Restaurant Gäste von nah und fern und beschäftigt sogar einen eigenen Fischer, der täglich frischen Fisch aus dem Rhein auf die Teller der Gäste befördert.

INFOBOX

Hochhausfaktor:	
U30-Quote:	33,4 %
Einwohnerdichte:	
Grünfläche:	
Distanz zum Höfchen:	5,5 km
Kneipendichte:	

Die Natur nimmt in Gonsenheim einen sehr wichtigen Platz ein, schließlich ist der Stadtteil inoffizieller Namensgeber des Lennebergwaldes. Obwohl dessen größter Teil offiziell zu Budenheim gehört, wird er oft nur „Gonsenheimer Wald" genannt. Und der wird natürlich auch rege genutzt, denn für Sportler bieten sich allerlei speziell ausgewiesene Laufstrecken und Trimm-Dich-Pfade. Doch auch ein ausgedehnter Spaziergang, inklusive herrlich frischer Waldluft, ist mehr als empfehlenswert.

„Wo ist hier der Haken?", mag sich manch einer fragen. Na gut, einen kleinen gibt es schon, denn in der Elsa-Brändström-Straße türmt sich ein riesiger Hochhauskomplex gen Himmel, welcher Wohnungen für insgesamt 6.000 Menschen bietet. Vom romantischen Namen der Anlage, „Diana am Wildpark", solltest Du Dich also keinesfalls in die Irre führen lassen.

Der besondere Platz:

Heimisches Wild und anderes Kleingetier aus nächster Nähe erleben, das kann man im kleinen Wildpark, der sich direkt an den Lennebergwald anschließt (Kirchstraße). Rehe, Waschbären, Schweine, Wildvögel und viele andere Tierarten haben dort ihr zu Hause und freuen sich über jeden fütternden Besucher. Der Eintritt ist frei!

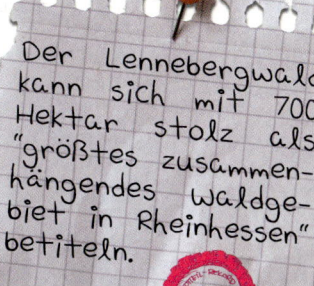

Der Lennebergwald kann sich mit 700 Hektar stolz als „größtes zusammenhängendes Waldgebiet in Rheinhessen" betiteln.

zu Hause   Park
gemütlich   Heimat
wohnen

Hartenberg/Münchfeld

Wenn dieser Stadtteil eines NICHT vorweisen kann, dann ist es eine lange Ortsgeschichte. Erst 1989 ging man hin und trennte von der Mainzer Innenstadt ein Stückchen ab, um ihm den bedeutungsschweren Namen „Hartenberg/Münchfeld" zu geben. Dies geschah hauptsächlich auf Grund von Wohnraummangel, ein lange währendes Erbe der Nachkriegszeit.

Und genauso darf man sich auch den Großteil der Häuser vorstellen, die dieser Stadtteil beherbergt. Wohnblock reiht sich an Mehrfamilienhaus, reiht sich an Wohnblock. Die Mieten sind günstig und dementsprechend hoch ist auch der Anteil an Bewohnern mit niedrigeren Einkommen.

Doch auch mehr und mehr Studenten entdecken das Viertel für sich, allein wegen der Nähe zur Universität. Über eine Fußgängerbrücke gelaufen – schon ist man auf dem Campus. Mit dem Hartenbergpark haben die Anwohner sogar ihr eigenes grünes Fleckchen, welches zu jeder Jahreszeit rege genutzt wird.

INFOBOX

Hochhausfaktor:	
U30-Quote:	41,4 %
Einwohnerdichte:	
Grünfläche:	
Distanz zum Höfchen:	2,8 km
Kneipendichte:	

Doch Hartenberg hat noch einiges mehr zu bieten: Die deutschlandweit wohl bekannteste Attraktion ist das Mainzer Bruchwegstadion des 1. FSV Mainz 05, viele Jahren Hexenkessel der Emotionen: Freude, Jubel, Ekstase, Wut, Trauer und Verzweiflung. Seit dem endgültigen Bundesliga-ufstieg 2009 konnte ein jeder Mainzer am Bruchweg Spitzenfußball erleben. Doch zu Spitzenfußball gehört eben auch ein Spitzenstadion. Das bekamen die Mainzer Fußballer im Juli 2011 mit der Coface-Arena und somit hatte der altehrwürdige Fußball-platz ausgedient. Zukünftig soll das alte Stadion aber als Veranstal-tungsort dienen.

In unmittelbarer Nähe des Stadions hat der SWR (Südwestrundfunk) seinen Platz und sogar ein eigenes Schwimmbad hat Hartenberg vorzu-weisen – das Taubertsbergbad am Binger Schlag oberhalb des Haupt-bahnhofs. Sowohl Schwimmsportler als auch Aufgussfreunde kommen hier auf ihre Kosten und für Nachtschwärmer gibt es sogar einen gleich-namigen Tarif, für die letzten drei Stunden des Tages.

DIE GRÖßTEN GEGENSÄTZE

s. Sommer S. 89 und Frostige Zeiten S. 107

1
2   3

STADTTEILREKORD

Der besondere Platz:

Die Alte Patrone am Judensand – eine Institution, die nicht so recht zum Rest des Stadtteils passen will. In den historischen Gemäuern, ehemals ein Munitionsdepot, finden heutzutage allerlei kulturelle Veranstaltun-gen statt: Von Kabarettaufführungen bis hin zu Mal- und Zeichenkursen wird einiges geboten. Viele Künstler haben dort ihr Atelier, neben einer Reihe von Malern und Bildhauern auch die international bekannte Desi-gnerin Anja Gockel.

endlich Mainz endlich endlich Mainz

zu Hause   Park
gemütlich   **Heimat**
wohnen

Hechtsheim

Ein wahrlich zweigeteilter Ort, hin- und hergerissen zwischen historischer Idylle und grauem Konsumödland. Das muss aber gar nicht unbedingt schlecht sein. Denn durch diese etwas sonderbare Mischung kannst Du schön wohnen, hast aber gleichzeitig unendlich viele Einkaufsmöglichkeiten, nur ein paar Meter von der eigenen Haustür entfernt.

Mit der Rheinhessenstraße als Grenze teilt sich Hechtsheim in Wohngebiet und Gewerbegebiet. Erkundet man den Ort aus Richtung Gewerbegebiet, wird man zunächst umringt von einer ganzen Reihe eintöniger Mehrfamilienhäuser, die zwar nicht besonders schön, deren Mieten dafür aber entsprechend niedrig sind. Je weiter man läuft, desto schnukkeliger und schöner werden die Häuschen, bis man schließlich den alten Ortskern erreicht. Dort findest Du dann eine Eisdiele, Pizzerien, ein asiatisches Fastfoodrestautant und Hofläden einiger ortsansässiger Bauern. Verlässt Du den Ort in Richtung Weisenau kannst Du am berühmten Hechtsheimer „Kirchenstück" sogar schon die ersten städtischen Weinreben bewundern. Dort findet auch Jahr für Jahr das kleine, aber feine Weinfest inmitten der Rebstöcke statt.

Und selbst das hiesige „Gewerbegebiet" hält ein paar schöne Überraschungen für Dich bereit. Denn hier warten einige besondere Einkaufs- und Freizeitverlockungen auf Dich: Nebst bekannten Supermarktketten finden sich auch Werksverkäufe, die den Einkaufsalltag ein wenig abwechslungsreicher gestalten. Hast Du Lust auf eine schnelle Runde, findest Du dort außerdem eine Indoor-Kart-Halle (Kart Racing

INFOBOX

Hochhausfaktor:			
U30-Quote:	31,5 %		
Einwohnerdichte:			
Grünfläche:			
Distanz zum Höfchen:	4,5 km		
Kneipendichte:			

Mainz, Wilhelm-Maybach-Straße 15) und mehrere Sportstudios und -vereine, die verschiedenste Möglichkeiten zur sportlichen Betätigung anbieten.

Sogar für das leibliche Wohl wird hier gesorgt, allerdings eher, wenn man etwas zum Mitnehmen möchte. Denn das Ambiente lässt dann doch gewerbegebietstypisch etwas zu wünschen übrig.

Der besondere Platz:

Wenn Du Lust auf "natürliche" Entspannung hast, mach einfach einen Spaziergang. Dafür bietet sich die Straße Zur Laubenheimer Höhe an, die mitten im Ort beginnt, Dich aber immer weiter ins Feld hinausführt. Bleibst Du dort am höchsten Punkt der Straße stehen und drehst Dich um 360°, kannst Du bei schönem Wetter eine atemberaubende Sicht auf die umliegenden Orte und sogar auf die Frankfurter Skyline genießen.

endlich   Mainz   endlich
    endlich   Mainz

zu Hause   Park
gemütlich Heimat
wohnen

Laubenheim

Als einer der südlicheren Stadtteile befindet sich Laubenheim in unmittelbarer Nähe der traditionellen Weinorte. Da liegt die Vermutung nahe, dass die Laubenheimer selbst ein sehr Weinaffines Völkchen sind. Und so ist es auch: Als einer der wenigen weinbautreibenden Mainzer Vororte stellen sie sogar ihren eigenen Wein her. Wenn man sich unter Laubenheim jetzt aber ein lebhaftes, uriges Weindörfchen vorstellt, liegt man völlig falsch.

Urig … ja, irgendwie schon, einige alte Höfe gibt es dort noch zu bestaunen. Aber lebendig und feierlustig, wie man sich eben so ein Weindorf vorstellt? Eher weniger. Denn hier werden abends die Bürgersteige hochgeklappt, oder genauer gesagt, sie werden morgens gar nicht erst ausgeklappt.

Ja, hier geht es wirklich SEHR gelassen zu auf den Straßen. Doch wo der Trubel fehlt, ist die Entspannung zu Hause. So gibt es zum Beispiel einen kleinen Park im Ortskern, in dem Du herrlich ausspannen und die Ruhe genießen kannst. Etwas Kindergeschrei musst Du dabei allerdings in Kauf nehmen. Jedes Jahr, Ende Juli, findet hier auch das Rebblütenfest statt und die Laubenheimer zeigen sich dann doch mal

INFOBOX

Hochhausfaktor:	
U30-Quote:	31,3 %
Einwohnerdichte:	
Grünfläche:	
Distanz zum Höfchen:	6,6 km
Kneipendichte:	

Der besondere Platz:

Erklimmt man die kleine Aussichtsplattform, die oberhalb des Laubenheimer Friedhofs liegt, hat man einen tollen Ausblick über das kleine Weindorf.

von ihrer lebendigen und ausgelassenen Seite.

Mit dem Laubenheimer Ried besitzt der Ort ein ganz besonderes Naturschutzgebiet, welches sich am Rhein entlang bis nach Bodenheim hinzieht. Dadurch, dass der Boden hier niedriger ist als der Wasserpegel des Flusses, ist das Gebiet sehr sumpfig und kleine Weiher zieren hier und da die Landschaft. Dabei ist alles absolut naturbelassen und wenn Du Dich in den Laubwäldchen ein wenig umschaust, entdeckst Du auch den ein oder anderen geheimen Märchengarten.

endlich   **Mainz**   endlich
        endlich   Mainz

zu Hause   Park

gemütlich   Heimat

wohnen

Lerchenberg

Lerchenberg – der Name verspricht Anmut, Schönheit und Idylle. Das solltest Du allerdings schnell wieder vergessen, denn leider ist der Name hier nicht Programm.

1961 als „Jubiläumsstadtteil" zum 2000-jährigen Bestehen der Stadt Mainz gegründet, zeichnet er sich heute nur noch durch graue Nachkriegsbauten und zweifelhafte Betonromantik aus.

Ein buntes Fleckchen (wenn auch nur im übertragenen Sinne, denn eigentlich ist es hier genauso grau wie drumherum) ist das Lerchenberger Einkaufszentrum. Zwar lädt es auf Grund seiner Ästhetik nicht gerade zum gemütlichen Shoppingnachmittag ein, Du findest hier aber ein paar kleine Läden, in denen Du Dich durchaus grundversorgen kannst. Ab und zu gibt es hier auch kleinere Volksfeste, bei denen sich die Lerchenberger gerne auf ein Gläschen Wein versammeln, um ein bisschen Schwung in ihren Alltag zu bringen.

Doch ausgerechnet der Lerchenberg hat dank des deutschen Fernsehens einen gewissen Bekanntheitsgrad. Denn hier hat das ZDF mit einem ca. 100 Hektar großen Sendegelände seinen Platz und verleiht dadurch dem Stadtteil den durchaus passen-

HÖCHSTE HOCHHAUSDICHTE

INFOBOX

Hochhausfaktor: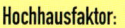

U30-Quote: 30,4 %

Einwohnerdichte: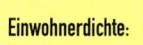

Grünfläche:

Distanz zum Höfchen: 8 km

Kneipendichte:

den Spitznamen „Medienberg". Du kannst Dich hier kostenlos durch den kompletten Medienpark führen lassen, montags ist sogar eine Teilnahme an der ZDF-Sendung „WISO" mit drin.

Packt Dich die Sehnsucht nach was Grünem, ist der nächste Wald nur einen Lerchensprung entfernt. Der Ober-Olmer Wald schließt sich im Westen an das Örtchen an und bietet alles, was ein Wald eben zu bieten hat. Gourmets und Fleischliebhaber können hier ganzjährig frisch gejagtes Wildfleisch erwerben (einfach beim zuständigen Forstamt erkundigen) und zur Weihnachtszeit kann man sich sogar seinen eigenen Tannenbaum schlagen.

Der besondere Platz:
Der allseits bekannte Fernsehgarten ist eine sehr abwechslungsreiche, aber schon etwas skurrile Sonntagvormittag-Beschäftigung.
Flanierkarten gibt es schon für den kleinen Geldbeutel und Du kannst Dich dafür 2 Stunden lang frei auf dem Gelände bewegen. Mit etwas Glück kannst Du dann sogar der Oma im Fernsehen winken.

zu Hause Park
gemütlich Heimat
wohnen

Marienborn

Fragt man einen Mainzer, ob er schon einmal in Marienborn gewesen ist, wird er mit großer Wahrscheinlichkeit antworten: „Nein, noch nie." Und das ist auch nicht weiter verwunderlich, denn der zweitkleinste Mainzer Vorort ist eigentlich nur ein kleiner Fleck am unteren Zipfel von Bretzenheim und kaum noch als eigener Stadtteil zu bezeichnen.

Zum Marienbrunnen

In Marienborn kannst Du sehr unterschiedlich wohnen. Den nördlichen, kleineren Teil bildet eine Hochhaussiedlung. Hier sind die Mieten zwar äußerst günstig (große Häuser, kleine Mieten), unter den Mainzern hat dieses Viertel jedoch den Ruf, nicht gerade das allersicherste zu sein. Dabei trägt es doch den einladend romantischen Namen „Am Sonnigen Hang".

Den südlichen Teil bildet ein typischer alter Ortskern. Der Bestand der alten Häuser wurde durch Neubauten etwas aufgelockert und hier herrscht eine ruhige Wohnatmosphäre. Besonders beeindruckend ist die

süße Wallfahrtskirche, schon allein deshalb, weil sie auf einer kleinen Anhöhe erbaut ist und man den Kopf ordentlich in den Nacken legen muss, um sie zu begutachten. Man sollte in jedem Fall die Anstrengung auf sich nehmen, die Stufen nach oben zu steigen, denn die Innenansicht lohnt sich noch mehr. Direkt vor der Kirche steht auch der Brunnen, der für den Ortsnamen verantwortlich ist.

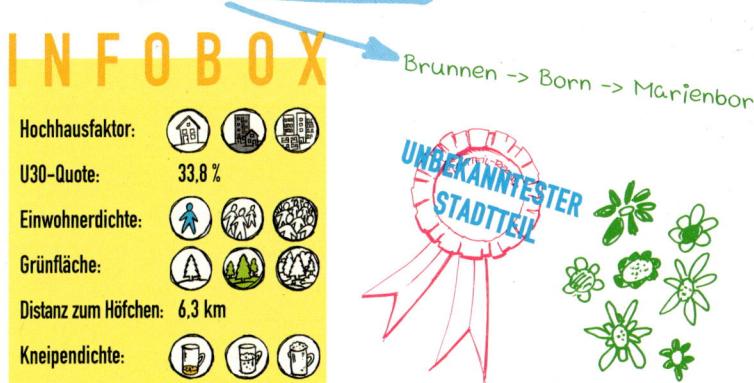

Brunnen -> Born -> Marienborn

INFOBOX

Hochhausfaktor:	
U30-Quote:	33,8 %
Einwohnerdichte:	
Grünfläche:	
Distanz zum Höfchen:	6,3 km
Kneipendichte:	

UNBEKANNTESTER STADTTEIL

Der besondere Platz:
Das Chausseehaus am Marienborner Feldrand hat einen ganz besonderen historischen Hintergrund. Denn hier nächtigte einst Goethe, als preußische Truppen Ende des 18. Jahrhunderts gegen die französische Besatzung kämpften. Sogar an einigen seiner Werke soll er hier geschrieben haben. Heute jedoch ist im Chausseehaus eine Kirschmanufaktur, inklusive kleinem Ladengeschäft, in dem man herrliche Kirscherzeugnisse jeder Art kaufen kann.

endlich   **Mainz**   endlich   **endlich**   Mainz

zu Hause Park
gemütlich Heimat
wohnen

Mombach

In diesem Ort liegen Naturschutzgebiet, Industriegebiet und Wohngebiet direkt beieinander. Auf den Punkt gebracht: Ein Ort voller Gegensätze!

Das Ortsinnere ist eher farblos-neutral, nicht besonders schön, aber auch nicht sonderlich hässlich – ein ganz normaler Vorort eben. Etwas aufgewertet wird er durch sein eigenes Schwimmbad „Am Großen Sand". Das Freibad wird im Sommer von vielen gern als Alternative zum städtischen Taubertsbergbad genutzt.

Verlässt Du das Wohngebiet, wird es gleich etwas aufregender. Richtung Rhein hin, an welchen Mombach grenzt, stößt Du erst einmal auf jede Menge Verkehrslärm und graue Industrie. Rings um die Rheinstraße haben sich nämlich einige große Firmen und Fabriken niedergelassen. Außerdem kannst Du hier im ganz großen Stil einkaufen. Unter anderem hat dort auch die Produktionsstätte eines sehr bekannten Instant-Kaffees ihren Sitz, was dazu führt, dass es im ganzen Ort eigentlich immer nach Röstaromen riecht.

INFOBOX

Hochhausfaktor:	
U30-Quote:	34,3 %
Einwohnerdichte:	
Grünfläche:	
Distanz zum Höfchen:	5 km
Kneipendichte:	

GRÖSSTER MAINZER FRIEDHOF

TEIL-Rekord

27 Hektar!

Schaffst Du es dann irgendwie, die
Rheinstraße in Höhe des Mombacher Kreisels zu überqueren (Viel
Glück!), findest Du Dich plötzlich
am Rande des Mombacher Natur-
schutzgebietes wieder. Hier kannst
Du ungebremst die freie Natur
genießen. Läufst Du ein gutes
Stück und kraxelst ein wenig
durch Hecken und Gebüsch, wirst
Du sogar mit einem kleinen Sandstrand belohnt, der zum gemütlichen Rhein-Plantschen einlädt.

Der besondere Platz:

Bist Du Fan von Konzerten, Comedy, Theateraufführungen, Musicals
und Kleinkunst, solltest du auf jeden Fall das Programm der Phoenixhal-
le (Hauptstraße) im Auge behalten. Der Gebäudekomplex an sich ist
schon recht eindrucksvoll, diente er doch zu Zeiten der Industrialisie-
rung als Waggonfabrik. Heute wird innerhalb der Backsteinwände nicht
mehr geackert, sondern im großen Stil unterhalten.

endlich   Mainz   endlich
                  endlich   Mainz

zu Hause   Park
gemütlich   Heimat
wohnen

Neustadt

„Um Himmels Willen, bloß nicht!", mag der ein oder andere noch entsetzt aus- rufen, wenn es um das Wohnen in der Mainzer Neustadt geht. Doch dafür gibt es eigentlich wirklich keinen Grund mehr. Denn der Stadtteil hat sich vom einst eher gefährlicheren Pflaster zu einem echten Trend-Viertel gemausert.

Hier haben Leute aus aller Herren Länder und viele, viele Studenten ein Zuhause gefunden, daneben gibt es immer noch Alt- eingesessene. Dies ergibt eine recht lustige und bunte Mischung, was sich auch im besonderen Flair des Stadtteils widerspiegelt. Denn hier herrscht das pralle Leben: An jeder Ecke findet man gemütliche Straßen- cafés, die zum Sitzenbleiben und Tagträumen einladen und abends geht der Punk ab in einer der vielen hippen Kneipen. Die meisten Straßen hier sind verkehrsberuhigt und in regelmäßigen Abständen finden sich klei- ne Parks mit vielen Bäumen. Das ist Lebensqualität!

INFOBOX

Hochhausfaktor:			
U30-Quote:	41,5 %		
Einwohnerdichte:			
Grünfläche:			
Distanz zum Höfchen:	2 km		
Kneipendichte:			

Vor allem Bio-Freunde kommen hier auf ihre Kosten, denn fast in jeder Straße findet man einen Bio-Laden oder ein ebensolches Bistro. Auch das geschäftige Treiben der Innenstadt ist nicht weit, hier bist Du zu Fuß in wenigen Minuten.

Durch die vielen großen Häuser gibt es hier einiges an Wohnraum und dies führt wiederum zu – für Mainzer Verhältnisse – niedrigen Mieten. Aber das bedeutet nicht, dass Du in einem heruntergekommenen Altbaubunker wohnen musst. Viele der Häuser sind sehr gut erhalten und teilweise auch richtig hübsch anzuschauen. Manche stammen noch aus der Gründerzeit, andere beeindrucken durch Fassaden des Backsteinexpressionismus.

In der Neustadt war bis vor kurzem auch noch der Zollhafen beheimatet. Hier stapelten sich hunderte von Containern und große Frachtschiffe aus aller Welt liefen ein. Doch diese Zeiten sind nun vorbei. Der Zollhafen zieht um und macht Platz für ein gigantisches neues Wohnviertel mit jeder Menge Kultur.

Der besondere Platz:
Der Gast Hof Grün (Leibnizstraße 27-29) ist ein modernes kleines Bistro mit toller Einrichtung und gemütlichem Flair. Nicht nur das reichhaltige Frühstück ist besonders, sondern auch die Philosophie. Denn hier kochen, bedienen und kassieren Menschen mit psychischen Beeinträchtigungen.

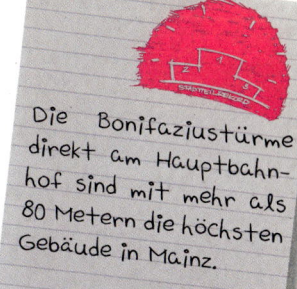

Die Bonifaziustürme direkt am Hauptbahnhof sind mit mehr als 80 Metern die höchsten Gebäude in Mainz.

endlich Mainz endlich endlich Mainz

zu Hause   Park
gemütlich   Heimat
wohnen

Oberstadt

Die Oberstadt ist, was bei dem Namen nicht weiter überraschen wird, der obere Teil der Stadt. Sie wurde erst Anfang des 20. Jahrhundert zu einem eigenen Stadtteil. Hier wurden einst die römischen Grundsteine der Stadt Mainz gelegt.

Wie so oft in Mainz findest Du auch hier eine sehr spannende Mischung. Hauptsächlich gibt es hier schöne, grüne Siedlungen. Nahe dem Rosengarten am Volkspark beispielsweise recken wunderschöne alte Herrenhäuser ihre Dächer in die Höhe und die Straßen laden zum gemütlichen Schlendern ein.

Dann gibt es da aber auch noch die Berliner Siedlung, welche ihren Namen "zu Ehren" der Berliner Mauer trägt, und das sieht man auch. Hier reiht sich Hochhaus an Hochhaus, viel grau, wenig Abwechslung – und die Häuser drumherum fügen sich nahtlos ein.

Geht es Dir mal nicht so gut, ist für Hilfe schnell gesorgt, denn in der Oberstadt versammeln sich sämtliche Krankenhäuser der Stadt. Und wo die Uniklinik ist, ist auch die Universität nicht weit – diese bildet den oberen Teil des Stadtteils.

Kein Stadtteilrekord, nein, sogar ein Weltrekord! Im Kupferberg-Museum befindet sich die weltweit größte Sekt- und Champagnerglassammlung.

An der Ortsgrenze zu Weisenau wartet noch ein besonderes Schmankerl:
der Volkspark. Die größte innerstädti-
sche Grünfläche als Quell der Ruhe
und Entspannung. Na gut, nicht nur,
denn nebst hügeligen Grünflächen
und gewundenen kleinen Wegen bietet des Mainzers größter Vorgarten
auch viel Raum für allerlei Freizeitbe-
schäftigungen. Von sportlichen Aktivitäten bis hin zum kühlen Bierchen
in der Sommersonne oder gemütlichen Grillabenden ist alles drin.
Sogar eine Runde mit dem bunten
Bimmelbähnchen kann man drehen.

Berliner Siedlung

Der besondere Platz:
Sektfreunde und Liebhaber eines prickelnden Tröpfchens sollten auf kei-
nen Fall einen Besuch auf der Kupferbergterrasse verpassen. Denn am
Kästrich, oberhalb des Schillerplatzes, ist die gleichnamige Kupferberg
Sektkellerei ansässig. Deren alte Kellergewölbe inklusive Museum sollte
man sich nicht entgehen lassen, man darf anschließend auch ein paar
Gläschen probieren. Außerdem hat man von dort oben einen herrlichen
Blick auf Mainz.

INFOBOX

Hochhausfaktor:	
U30-Quote:	37,3 %
Einwohnerdichte:	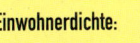
Grünfläche:	
Distanz zum Höfchen:	2 km
Kneipendichte:	

Mainz   endlich

endlich   **endlich**   Mainz

zu Hause   Park
gemütlich
Heimat
wohnen

Weisenau

Dieser ruhige, etwas verträumte Stadtteil geht nahtlos in die Oberstadt über und eigentlich weiß niemand so genau, wo die Grenze verläuft. Das führt uns auch direkt zu einer der wichtigsten Eigenschaften Weisenaus: die Nähe zur Stadt.

Doch nicht nur die City ist einen Katzensprung entfernt, sondern auch der allseits beliebte Volkspark. Dieser gehört zwar geographisch gesehen zur Oberstadt, was aber nicht bedeutet, dass man ihn von Weisenau aus nicht auch nutzen kann.

In dem kleinen Ort findest Du ganz bodenständigen Lebensraum, vom süßen Reihenhäuschen bis hin zum Mehrfamilienhaus. Und obendrein bist Du hier auch noch richtig gut versorgt – eine bunte Mischung an Geschäften gibt es in Laufweite. Und hier findest Du wirklich alles: Von der lecker Metzgerwurst mit Brötchen (oder wie man hierzulande sagt „Weck unn Woscht") bis hin zum frischen Blumenstrauß. Und einmal die Woche findet am Tanzplatz sogar ein kleiner Wochenmarkt statt.

INFOBOX

Hochhausfaktor:	
U30-Quote:	34,6 %
Einwohnerdichte:	
Grünfläche:	
Distanz zum Höfchen:	3,5 km
Kneipendichte:	

GRÖSSTER TRACHTENVEREIN AUSSERHALB BAYERNS

STADTTEILREKORD

Eigentlich liegt Weisenau ja auch direkt am Rhein ... eigentlich. Denn was den Ort noch vom Wasser trennt, ist eine sehr geschickt platzierte Eisenbahnstrecke. Man sollte also bei Wohnungsanzeigen, die mit einem „Blick aufs Wasser" werben, von vornherein einen etwas höheren Geräuschpegel einplanen. Das kann allerdings Deinen Geldbeutel ein wenig entlasten, denn die Mieten sind, wie bei fast allen Wohnungen in der Nähe von Bahnschienen, in der Regel deutlich niedriger. Aber hat man es erstmal an den Rhein geschafft, wird man mit einem kleinen asphaltierten Weg belohnt, der immer am Wasser entlang, bis hinein in die Stadt führt.

Der besondere Platz:

Wenn Du mal ein bisschen Zeit übrig hast, solltest Du unbedingt im Naherholungsgebiet Weisenauer Steinbruch vorbeischauen. Dort befindet sich eine sehr, sehr große Wassergrube. Früher wurde hier Kalkstein abgebaut, heute sieht es einfach nur noch beeindruckend aus. Vom Ort aus die Autobahnbrücke überqueren, an der Großbergsiedlung vorbei. Dann geht's direkt am Feldrand durch eine Gittertür zur Grube.

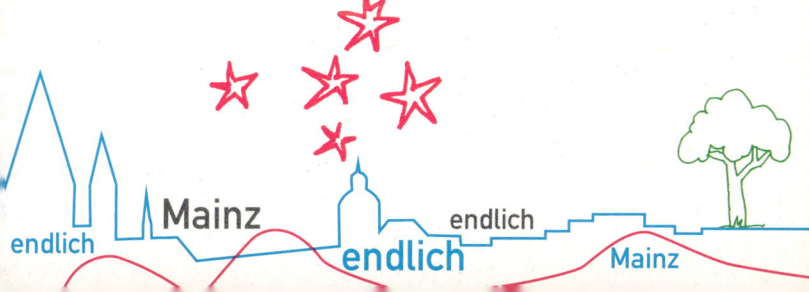

endlich   Mainz   endlich   endlich   Mainz

zu Hause   Park
gemütlich   **Heimat**
wohnen

Die ebsch Seit

Die ebsch Seit bezeichnet die andere, „schlechtere" Rheinseite, kurz gesagt: Wiesbaden. Dort liegen auch die ehemaligen Mainzer Vororte Amöneburg, Kostheim und Kastel (kurz AKK).

Die Tragödie begann nach dem zweiten Weltkrieg, als der Rhein zur Grenze zwischen französischer und amerikanischer Besatzungszone deklariert wurde. Seitdem gehört AKK unfreiwillig zu Hessen und dessen Landeshauptstadt Wiesbaden. Jedenfalls auf dem Papier, denn der Großteil der dortigen Bevölkerung liebt Mainz und belächelt Wiesbaden. Jahrelang kämpft man schon erfolglos um einen Volksentscheid, um den Mainzern ihre Vororte und den Vorortlern ihren Frieden zurückzugeben.

Die ehemaligen Mainzer Vororte bestechen natürlich zunächst einmal durch ihre Nähe zu Mainz. Bloß über die Theodor-Heuss-Brücke, schwuppsdiwupps ist man da. Im Vergleich dazu dauert es ins „richtige" Wiesbaden eine halbe Ewigkeit. Von dieser Nähe zu Mainz kann man sich ganz einfach selbst überzeugen, indem man sich ans Kasteler Rheinufer lümmelt und den unbeschreiblichen Blick auf die Domstadt genießt. Das kann man besonders toll in Höhe der Reduit, denn hier gibt es einen richtigen Sandstrand mit Liegen und einem Biergarten. Wenn Du es gesitteter magst, kannst Du Dich nebenan in der Bastion Schönborn auch auf richtige Stühle setzen. Die Reduit ist übrigens eine historische Festung, in der heute allerlei Veranstaltungen stattfinden, wie zum Beispiel im Sommer das sehr beliebte Open-Air-Kino. s. kultur, S. 149

Sattes Grün ist hingegen eher in Kostheim zu finden, auf der Maaraue, um genau zu sein. Auch von hier hat man eine fantastische Panoramasicht auf Mainz, während man eine Runde joggt oder sich auf der Rhein-

wiese sonnt. Je nach Lust und Laune kann man sich auch ins kühle Nass stürzen, denn hier gibt es ein Freibad, welches auch von vielen Mainzern als „grünere" Alternative zu ihrem städtischen Schwimmbad genutzt wird. Darüber hinaus hat man die Möglichkeit, Wein aus einem „fremden" Weinanbaugebiet zu probieren, denn Kostheim gehört nicht mehr zu Rheinhessen, sondern zum Rheingau. Und diese Weinkultur wird von den Kostheimern bis aufs letzte Tröpfchen ausgekostet.

Schaut man sich die Halbmainzer Völkchen rechts des Rheins einmal genauer an, wird schnell klar, warum diese im Herzen nicht zu Wiesbaden gehören. Ebenso wie die Mainzer rühmen sie sich ihrer rustikalen Herzlichkeit und Fröhlichkeit und halten die Wiesbadener eher für unterkühlt. Man sagt auch, dass man in der hessischen Landeshauptstadt gerne mit der Nase in der Luft herumläuft und sich für ein wenig besser hält als andere. Diese und andere „Tatsachen" führen übrigens zu häufigen Sticheleien auf beiden Seiten des Rheins. Die Mainzer leben dies auch sehr gerne im Rahmen ihrer Fastnacht aus.

Trotz aller nicht immer so ernst zu nehmenden Feindseligkeiten gibt es tatsächlich einige Gründe, vielleicht doch mal einen Fuß auf die andere Rheinseite zu setzen. Zunächst einmal ist Wiesbaden eine Kurstadt und verfügt über einige Thermalquellen verteilt über die ganze Stadt.

Casino

Mainz

zu Hause   Park

gemütlich   Heimat

wohnen

Am besten lässt sich das in der Kaiser-Friedrich-Therme (Langgasse 38) genießen. Dort findest Du Entspannung pur und kannst die außergewöhnliche Innenausstattung mit ihren hübschen, antik anmutenden Säulen und Ornamenten bestaunen.

Dein Glück versuchen kannst Du im Casino an der Wilhelmstraße, und selbst wenn Du verlieren solltest, fühlst Du Dich im herrschaftlichen Ambiente schnell wieder reich und erfolgreich. Denn hier hängen kristallene Kronleuchter von den Decken und alte Ölgemälde zieren die kirschholzvertäfelten Wände.

Mindestens ebenso schlossartig präsentiert sich das Hessische Staatstheater. Dort wird man buchstäblich erschlagen von lauter neobarockem Kitsch. Rund um das Theater findet alljährlich das Wilhelmstraßenfest statt. Hier wirst Du bespaßt mit allerlei künstlerischen Aktionen, bunten Kostümen, Schlemmerständen, einer Bayernmeile, einem französischen Markt und einem Künstlermarkt.

Geld loswerden kann man vor allem entlang der Kirchgasse oder – falls es regnet oder man es eilig hat – in einem der zahlreichen Einkaufszentren, wie zum Beispiel dem Liliencarré direkt am Hauptbahnhof.

1 2 3

STADTTEILREKORD

Die Freiheitsstatue in New York steht seit Ende des 19. Jahrhunderts auf einem Sockel aus Zement, der im Amöneburger Dyckerhoff-Werk hergestellt wurde. Welches Dorf mit 1.400 Einwohnern kann schon Ähnliches von sich behaupten?

Auch für Naturfreunde lohnt es sich durchaus mal, den Rhein zu überqueren, denn der Wiesbadener Neroberg ist wirklich einen Besuch wert. Am besten man fährt mit der durch Wasserkraft betriebenen Nerobergbahn nach oben, macht Pause, genießt die Aussicht und macht sich dann leichten Fußes wieder auf den Weg nach unten.

Im gleichen Atemzug kann man sich
ein wenig umsehen und entdeckt
dabei allerlei Vielfältiges: Vom Hochseilgarten, über einen Wasserspiel-
platz mit Bach, bis hin zur russischen
Kirche im Disneyland-Stil gibt es alles.
Und an der Sonnenseite des Nerobergs
wird sogar Wein angebaut.

Eine Altstadt hat Wiesbaden auch,
diese wird von den Einheimischen
liebevoll „Schiffchen" genannt und
besticht mit prunkvollen Lockna-
men wie „Goldgasse". Und ganz
ehrlich, auch wenn man es als Rheinhesse nicht
gerne zugibt, hier ist es wirklich nett und man kann durchaus ein paar
schöne Stunden verbringen. Aber wie dem auch sei, hin oder her, jeder
Mainzer fühlt sich nach einer gewissen Zeit in Wiesbadener Gefilden
irgendwie unwohl. Aber allzu lang muss man dann ja auch nicht dort
bleiben. Also, ab nach Hause, denn das schönste an Wiesbaden ist
immer noch der Bus nach Mainz!

Der besondere Platz:

Gänsehauteffekt ist garantiert, wenn man die Räuber-Leichtweiß-Höh-
le auf dem Neroberg besichtigt. Hier hauste Ende des 18. Jahrhunderts
der Räuber Leichtweiß für mehrere Jahre, um seiner Gefangennahme zu
entgehen. In der Höhle wurde nichts großartig verändert, deshalb sind
heute noch Dinge wie sein Felsenbett oder die Kochstelle original erhalten. Und sogar Kaiser Wilhelm II. war hier schon zu Besuch.

endlich   Mainz   endlich
                    endlich   Mainz

R

Stra

Von
Von A nach B

Fahrrad
Fahrr
hrrad
Fahrrad
Straße
Hupe
Schiene
Straßenbahn
Straßenbahn
Straße
Stau
Stau
Stau

A
B
A
B
A B

Fahrrad   Stau

Straßenbahn

Hupe

Schiene

In Mainz bewegt man sich am besten und schnellsten zu Fuß (durch die Innenstadt) oder mit Bus, Straßenbahn und S-Bahn (überall hin). Natürlich gibt es hier auch einige Radfahrer, leider gilt auf den Straßen aber grundsätzlich immer: Das Auto hat recht und die Busspur war den Stadtplanern offenbar wichtiger als der Radweg. Entspannung suchende Radfahrer sollten ihre Leidenschaft also vielleicht lieber außerhalb der Stadt, zum Beispiel auf Touren durch das Rheingau, ausleben …

Zu Fuß unterwegs

Mainz ist gar nicht so groß, wenn man mal nur die Entfernungen im Bereich der Innenstadt mit einbezieht, eigentlich sogar recht überschaubar. Im Innenstadtbereich helfen Dir die Straßenschilder doppelt bei der Orientierung: Rote Straßenschilder bedeuten, dass Du Dich quer zum Rhein bewegst, also darauf zu oder davon weg, blaue Straßenschilder bedeuten, dass Du Dich parallel zum Rhein hältst. Wie kann man sich da noch verlaufen?

Für eine erste Orientierung kann man außerdem in den Gutenberg-Express steigen. Diese kleine Bimmelbahn auf Reifen zeigt Dir alle wichtigen Sehenswürdigkeiten der Stadt!

RMV und MVG — Bus und Bahn in der Region

Wer zum ersten Mal versucht, sich einen Überblick über die Bustarife und Ticketgültigkeitsbereiche in Mainz zu verschaffen, wird schier erschlagen von Informationen. Was bitte ist der Unterschied zwischen RMV und MVG, wenn doch beides auf den Bussen steht? Und wenn es da einen Unterschied gibt, wofür gilt mein Ticket eigentlich? Und warum weist die deutsche Bahn bei ihren CityTickets

darauf hin, dass die Karte nur bis zum Rhein, aber nicht in Wiesbaden gilt? Ist doch eh eine andere Stadt! Oder? Also: Tief durchatmen, entspannen und weiter lesen: Das ist alles gar ==nicht so kompliziert wie es sich anhört.==

Die **Mainzer Verkehrsgesellschaft (MVG)** gehört zum Rhein-Main-Verkehrsverbund, dem RMV. Der RMV verbindet alle örtlichen Verkehrsgesellschaften im Rhein-Main-Gebiet miteinander und bietet auf seiner Website die wichtigsten Infos zur Mobilität im Rhein-Main-Gebiet. Logisch, oder? www.rmv.de

Bustickets und Gültigkeit in Mainz

Auch ohne diese ganzen Infos genau zu studieren, kannst Du einfach in Mainz und Wiesbaden drauflos fahren. Mainz und Wiesbaden? Ja, genau. Denn jeder Fahrschein, den Du in Mainz kaufst, gilt auch für Wiesbaden (und umgekehrt): Mainz und Wiesbaden bilden ein gemeinsames Tarifgebiet.

==Wenn Du viel unterwegs bist== und nicht für jede einzelne Fahrt eine extra Fahrkarte kaufen möchtest, lohnt sich wahrscheinlich ==eine Abo-Karte.== Davon gibt es eine ganze Menge: Zum Beispiel die CleverCard für alle Azubis, Praktikanten, Volontäre und FSJler, die mindestens 6 Monate in Mainz verbringen. Oder die 9-Uhr-Monatskarte für Langschläfer und Noch-Ferien-Haber. Der Name sagt es schon: Vor 9 Uhr darfst Du damit nicht fahren.

==Und alle Studenten bekommen ja eh das StudiTicket.== Diese Karte gilt, kurz gesagt, zwischen Marburg und Worms, Koblenz und Hanau, Fulda und Idar-Oberstein in allen Bussen, Straßenbahnen, U-Bahnen und Regionalzügen (2. Klasse) – leider aber nicht immer auch auf allen Strecken zwischen den Orten. So darf zum Beispiel nach Koblenz nur linksrheinisch gefahren werden. www.studiticket.de

Achtung, Studi-Ausweis mitnehmen!

Mainz   endlich
endlich   endlich   Mainz

Nachtlinien

Ja, es gibt sie – leider sind sie nicht allzu zahlreich in Mainz. Unter den Nummern 90, 91 und 92 verkehren sie vornehmlich in den Nächten von Freitag auf Samstag und Samstag auf Sonntag. Schau am besten einfach mal an den Haltestellen in deiner Nähe nach: Steht da irgendwo eine dieser Nummern? Eine besondere Nachtlinie ist der Disco-Express mit der Nummer 99. Er verbindet die Großraumdisco Europalace in Mainz-Kastel mit den Partylocations der Mainzer Innenstadt.

Wabenplan des Netzes – welche Karte brauche ich wofür?

Jeder Neu-Mainzer sollte sich auch einmal in der Nachbarschaft der neuen Heimat umsehen. Da locken Frankfurt am Main, kleine, verschlafene Örtchen im Taunus, Badeseen, Skigebiete und natürlich ganz viele Events. Wer also vorhat, das heimatliche Tarifgebiet zu verlassen, muss leider doch einen Blick auf den Tarifgesamt-Plan werfen.

Hessentag, Rhein in Flammen, Buchmesse

Die wichtigsten Fragen, die Du Dir stellen solltest, sind: Liegt mein Ziel im RMV oder im Übergangsbereich? In welchem Bundesland liegt mein Ziel? Gibt es ein Eventticket für die Veranstaltung?

Je nachdem, wie die Antworten ausfallen, kann es gut sein, dass es gar nicht unbedingt am günstigsten ist, am Automaten den einfachen Fahrschein oder die Tageskarte für das Zielgebiet zu lösen! Wenn Du beispielsweise in Rheinland-Pfalz unterwegs bist und ein paar Freunde mitnimmst, solltest Du vorher schauen, ob nicht das Länderticket der Bahn günstiger ist. Ob es ein Eventticket gibt, bei dem Du gleichzeitig den Fahrschein und die Eintrittskarte kaufen und sparen kannst, erfährst Du auf der RMV-Website unter „Alle Fahrkarten".
www.rmv.de

Mit Muskelkraft voran: Fahrrad

Egal, wie man es dreht und wendet: Eine besonders fahrradfreundliche Stadt ist Mainz nicht. Echt praktisch ist aber die Radwegekarte, die man in Buchhandlungen kaufen kann! Hier gibt's alle Radwege, inklusive Steigungsstrecken, Tempozonen und Einbahnstraßen. Wer sich also trotzdem auf den Drahtesel schwingt, bekommt vermutlich recht schnell stramme Waden: Mainz ist doch hügeliger als man als Busfahrer glauben mag.

Hier gibt es den Drahtesel!

Du brauchst ein neues Fahrrad? Über die ganze Stadt verteilt gibt es diverse kleinere Radläden, in denen Du sicher fündig wirst. Probier es doch mal hier:

Fahrradladen Berens und Reus GmbH
Albinistraße 15
www.berensundreus.de

Die Radgeber
Hintere Bleiche 3
www.die-radgeber.de

Hier gibt´s auch Fahrräder und Tandems zum Leihen!

Zweiradboxx
Nackstraße 14
www.zweiradboxx.de

Cycle Planet
Weihergarten 11
www.cycle-planet.de

Fahrrad XXL Franz
Am Mombacher Kreisel 2
www.fahrrad-xxl.de

Wer eine große Auswahl sucht, sollte es hier probieren.

Einbahnstraße

TAXI

endlich **Mainz** endlich endlich Mainz

Wenn es etwas besonders Günstiges sein soll, bietet es sich an, mal unter www.mainz.de nachzuschauen. Hier werden die gemeinsamen **Fahrradflohmärkte der Stadt Mainz und des ADFC** angekündigt. Der Vorteil gegenüber Angeboten aus der Zeitung oder aus Aushängen: Alles, was Du hier kaufst, ist garantiert nicht gestohlen worden.

->Tourismus-> Reiseplanung-> Anreise, Verkehr-> Fahrrad fahren

Werkstätten

Aber was tun, wenn mal die Luft raus ist – oder die Kette kaputt?
Alle oben genannten Fahrradgeschäfte bieten natürlich auch Werkstatt-service an. Ansonsten gibt es für Studis noch die Möglichkeit, auf das Angebot **Uni Bike** auf dem Campus zurück zu greifen. In einem kleinen Bauwagen vor dem Wohnheim Inter II wird hier Hilfe bei Fahrradproble-men aller Art angeboten, leider nicht so billig, wie man erwarten könn-te. Gebrauchte Räder gibt es hier übrigens auch!

Das Rad sicher abstellen?

Das ist so eine Sache in Mainz. Zwar ist angeblich ein Fahrradparkhaus in Planung, aber das ist noch Zukunftsmusik. Bis dahin bleibt Dir eigentlich nicht viel anderes übrig, als Dir irgendwo einen der eher seltenen Fahrradabstellplätze am Straßenrand zu suchen – oder das Rad doch am Hauptbahnhof zu lassen. Neben dem Ausgang Hauptbahnhof West („hintere" Seite vom Bahnhof) gibt es reichlich Platz, um sein Rad anzuschließen. Im Zweifelsfall sollten aber auch hier immer alle beweglichen Teile des Rads angeschlossen oder mitgenommen werden! Leider ist diese Ecke gerade nachts sehr einsam und sehr dunkel ...

Wenn es doch mal zu anstrengend wird ...

... darf man sein Rad kostenlos in jedem Bus und jeder Straßenbahn der MVG und allen Regiozügen des RMV mitnehmen, wenn man einen ganz normalen gültigen Fahrschein besitzt und gerade genug Platz dafür im Bus vorhanden ist. Darüber entscheidet im Zweifelsfall der Busfahrer!

Vier Räder

Oder man steigt aufs Auto um. Parkplätze in der Mainzer Innenstadt sind aber oft Mangelware. Wer trotzdem nicht auf die gelegentliche Mobilität mit vier Rädern verzichten will, wird vielleicht mit dem Car-sharing-Angebot von **book-n-drive** glücklich: An vielen Stationen in der ganzen Region kann man als Mitglied Autos entweder für einen bestimmten Zeitraum reservieren oder auf gut Glück nachschauen, ob gerade eines der so genannten „Hin & Weg-Fahrzeuge" da ist, die man ohne Buchung jederzeit nutzen kann. Für Studis gibt es Rabatt auf die Anmeldung und den Jahresbeitrag!

endlich   Mainz   endlich
        endlich   Mainz

lecker
lecker
lecker
mampf
Restaurant

Hunger?

Hunger?

Hunger?

Hunger

Hunger

Hunger

Essen

Essen

Essen Essen

Kochen

Hunger

Kochen

mampf

Essen

mampf

Fast Food

Fast Food

Fast Food

mampf

Food

endlich

Hunger? Hunger?

Essen
zu Hause

endlich

Kochen

Einkaufen

Bringdienst

Pizza
Pizza

Koche

Kochen

Einkaufen

Einkaufen
Einkaufen

Einkaufen

Kochen
Einkaufen

Bringdienst

Du hast ein Date und willst mit etwas Selbstgekochtem ordentlich Eindruck schinden? Du isst nur, was Du selbst gekocht hast? Zuhause ist es doch am schönsten? Oder ist Dir essen gehen einfach viel zu teuer und Du musst notgedrungen mal wieder kochen? Egal was oder warum: Es gibt viele Möglichkeiten, zu Hause an etwas zu essen zu kommen.

Lieferdienste

Die einfachste und unaufwendigste dieser Möglichkeiten ist wohl, sich was bringen zu lassen. Keine dreckige Küche, die aufgeräumt werden muss, keine Schlepperei der Einkäufe, Du musst Dir keine Stulle schmieren und nicht ewig am Herd stehen – perfekt, oder? Das Beste ist ja auch noch, dass man sich mittlerweile wirklich fast alles liefern lassen kann, ohne einen Flyer des Ladens zu besitzen. Denn wer hebt die schon auf? Egal, Portale wie pizza.de oder auch ganz klassisch die Gelben Seiten retten Deinen Abend – unabhängig davon, ob es heute lieber Sushi oder die klassische Pizza frei Haus sein soll. Und wer da gerade keinen Zugriff drauf hat (Internet kaputt, oder so), sucht sich einen der folgenden Dienste aus.

nächste Seite

endlich Mainz endlich
endlich Mainz

Bringdienst lecker
Fast Food
Essen

Pizza

Pizzaboy 06131 / 600 77 66
Prima Pizza Service 06131 / 384363
Pizzeria Piccolo 06131 / 24 08 098
Il Gondoliere 06131 / 21 22 415
Metropol Pizza 06131 / 62 333 23
Joey's Mainz 06131 / 277 57 57

wer mal was anderes will als Pizza Magherita, Funghi oder Napoli ...

Asiatisch

Buddhas 06131 / 48 20 577
Thang Long 06131 / 61 93 35   super Sushi frei Haus!
Indian Express 06131 / 380 73 97

Burger und Co.

My Burger 06131 / 6 27 46 46

Selber Kochen

Du magst es doch lieber frisch, stehst nicht so auf Dinge, die jemand anderes erst irgendwo anders zubereitet und dann durch die halbe Stadt gefahren hat? Oder kochst einfach mit Leidenschaft – die bei Dir schon beim Einkauf beginnt? Dann wollen wir Dir an dieser Stelle alle notwendigen Infos liefern, die Du für Dein persönliches Mainzer Kochvergnügen benötigst.

Märkte

Mehr oder weniger direkt vom Feld bekommst Du Deine Zutaten auf einem der vielen Wochenmärkte. Neben dem klassischen Obst und Gemüse kannst Du hier natürlich auch Brot, Käse, Honig, Fisch und ganz besondere Leckereien kaufen.

Auf S. 58 bekommst Du eine Übersicht, wann Du wo hinmusst!

Besondere Supermärkte

Klar, ein bisschen Bio gibt es inzwischen in jedem Supermarkt, aber eben nicht unbedingt gerade das, was man haben will. Und so insgesamt … ja, eigentlich gibt es alles, was man so zum Leben braucht auch im Supermarkt um die Ecke. Oder? Hmm. Aber wo bekommst Du denn jetzt wirklich gute Sojasoße her? Und die Original-Gewürze für Deine Paella? Was ist mit Sushireis? Die richtigen Geschäfte dafür verstecken sich in den kleinen Gassen rund um die Fußgängerzone.

Bio
Natürlich Bioladen (Josefsstr. 65)
Alnatura (Große Langgasse 8)
denn's Biomarkt (Schusterstr. 41)

Italienisch
Celpro (Vogelbergstr. 2)
Italienischer Supermarkt Marsico
(Hintere Bleiche, gegenüber Hausnummer 8)

Orientalisch und Türkisch
Speisen, Gewürze und Shishas
(Ecke Neubrunnenstr. / Hintere Bleiche)
Marakesh (Zanggasse 30)
Atlas (Zanggasse 23)

Portugiesisch und Spanisch
Casa Algarve (Hintere Bleiche 25)

Asiatisch
Shaiyans (Gärtnergasse 16)
Asia Lebensmittel
(Dominikanerstr. 5)

Alles käse oder was?

Alp käs'laden
(Jakobsbergstr. 15)
Verkauft frischen
Rohmilchkäse aus den
Alpen mit Biosiegel!
Aber: Hat nur frei-
tags und samstags
geöffnet.
www.alpkäsladen.de

Mainz

endlich   endlich
endlich   Mainz

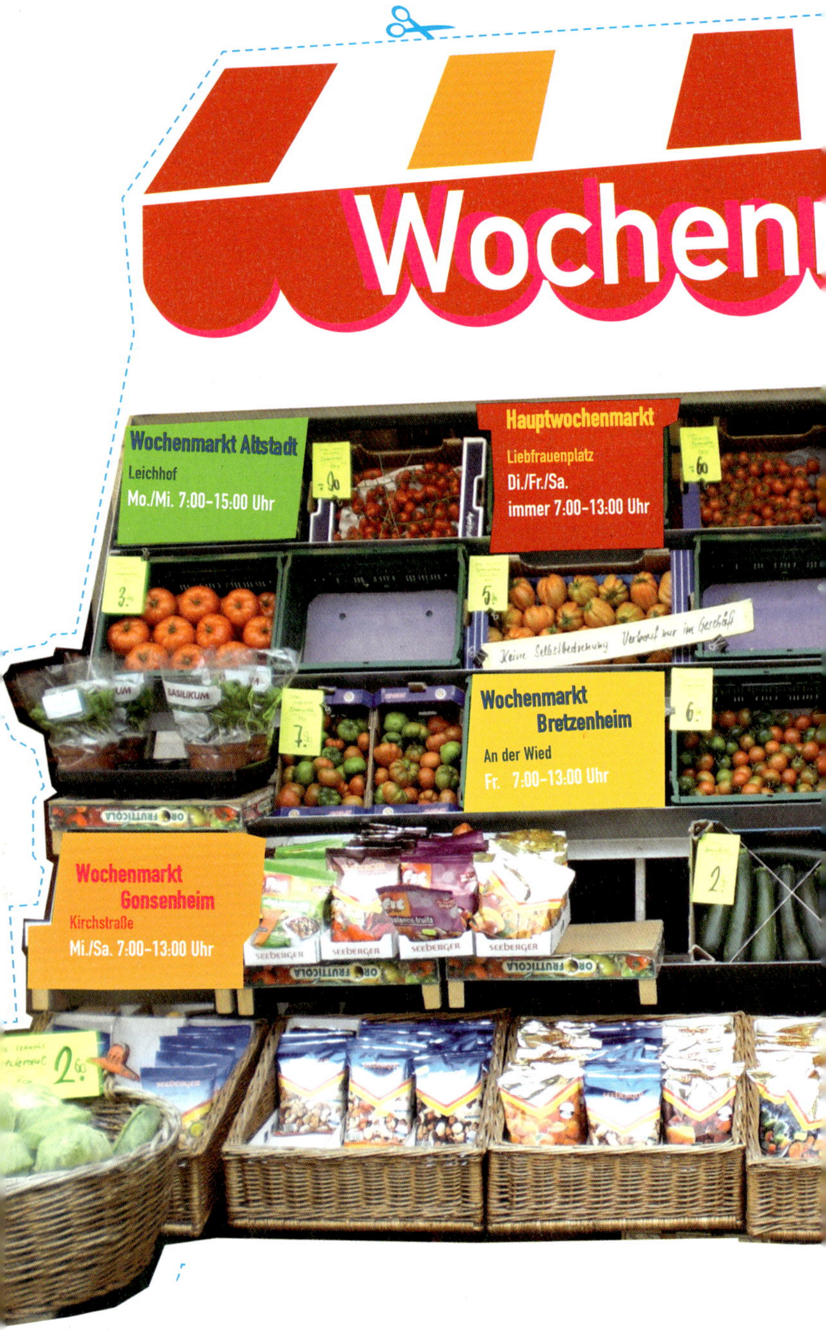

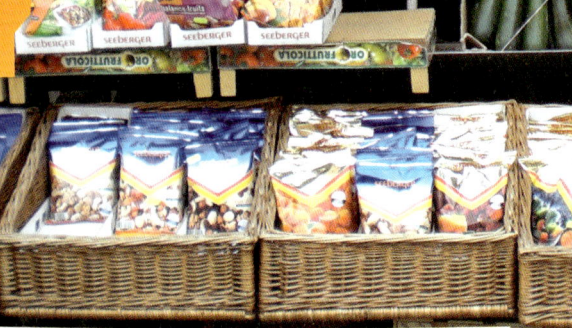

Wochen
Wochenmarkt Altstadt
Leichhof
Mo./Mi. 7:00–15:00 Uhr
Hauptwochenmarkt
Liebfrauenplatz
Di./Fr./Sa.
immer 7:00–13:00 Uhr
Keine Selbstbedienung Verkauf nur im Geschäft
Wochenmarkt
Bretzenheim
An der Wied
Fr. 7:00–13:00 Uhr
Wochenmarkt
Gonsenheim
Kirchstraße
Mi./Sa. 7:00–13:00 Uhr
BASILIKUM
SEEBERGER

märkte *endlich*

Wochenmarkt Neustadt
Frauenlobplatz
Do. 7:00-13:00 Uhr

Wochenmarkt Münchfeld
Dijonstraße
Sa. 7:00-13:00 Uhr

Wochenmarkt Weisenau
Tanzplatz
Mi. 9:00-15:00 Uhr

Wochenmarkt Hartenberg
Ludwigsburgerstraße
Sa. 8:00-13:00 Uhr

Wochenmarkt Altstadt
Am Graben
Sa. 7:00-13:00 Uhr

Ökoprodukte vom Erzeuger!

Hunger? Hunger?

Essen
unterwegs

Restaurant Fast Food

Brezeln

Fast Food
estaura

Hunger! Das jähe Gefühl überfällt einen immer dann, wenn man gerade gar nicht weiß, wo man jetzt so schnell was zu essen herbekommen soll. Kennst Du auch, oder?

Die allererste Frage, mit der Du Dich nun auseinandersetzen musst, bevor Du etwas Zufriedenstellendes in den Bauch bekommst, ist wohl: Was will ich essen? Und damit steht man schon vor dem größten aller Probleme: Mainz bietet eine solche Vielzahl an Lokalen mit Mittagstisch, Fastfoodbuden, Restaurants jeder Preisklasse und kleinen Ständen mit Leckereien, dass man gar nicht mehr weiß, wohin man sich orientieren soll, wenn man erst einmal Hunger hat. Das Gute daran ist aber: Leckeres Essen ist nie weit entfernt!

Schnell und auf die Hand

Fastfood gibt es an jeder Ecke. Egal ob Pizzastücke, Döner, Pommes oder was auch immer einem sonst so einfallen könnte: Es läuft Dir garantiert nach nur wenigen Metern durch die Innenstadt sooo verlockend über den Weg. Vorweg sei schon gesagt, dass es gerade bei Fastfood kaum möglich ist, einen objektiven Überblick über die Läden zu geben. Es ist einfach zu sehr vom eigenen Geschmack abhängig, ob das viele Grünzeug im Döner nur stört oder einfach zu wenig Salat drin ist, ob Pizza einen knusprig-dünnen Boden haben muss oder richtig dick sein soll.

Am besten probierst Du Dich also selbst durch das reichhaltige Angebot. Fang der Einfachheit halber bei der Dönerbude in Deiner Nachbarschaft an, arbeite Dich weiter zum Pizzaladen zwei Straßen weiter vor und dann immer weiter, bis Du Deinen persönlichen Favoriten gefunden hast! Wer aber ganz schnell in der City was zu essen braucht und keine Lust auf Risiko oder die großen Fastfood-Ketten hat, kann mit den folgenden Läden kaum etwas falsch machen.

Hunger
Fast Food

Speisekarte

Essen
Restaurant

Tarz (Bahnhofsstr. 8): Viele sagen, der beste Dönerladen der Stadt.

Knolli (Stadthausstr. 1): Lecker Pommes direkt hinter der Römerpassage.

Thai-Express: Sehr leckeres Essen, das schnell auf dem Tisch ist. Mehrere Filialen in der Innenstadt.

www.thai-express.de

Pizza Pepe (Augustinerstr. 21): Richtig gute Pizza! Unbedingt probieren.

Best Worscht in Town (u.a. Augustinerstr.11): Currywurst und Pommes – gute Qualität, überzeugender Geschmack, trotz des leicht überheblichen Namens einen Besuch wert.

Schlemmermeyer's Lecker Bissen (Schusterstr. 25): Hier gibt es (fast) alles, was der Exilmünchner vermisst – sowohl in der Feinkosttheke als auch auf die Hand zum Mitnehmen.

Typisch Mainz?

Was ist typisch Mainzer Fastfood und wo kann man es finden? Da ist vor allem **Ditsch** zu nennen. Ja, genau, die Buden mit den Pizzateilchen und Brezeln. Die Kette wurde nämlich 1919 in Mainz gegründet. Seit neustem betreibt Ditsch außerdem auf dem Mainzer Bahnhofsplatz eine zweite Bude, in der es eine etwas andere Produktpalette gibt: Belegte Brötchen und Croissants! Gerade die Croissants mit Schokoküssen belegt sind ein Traum ... ansonsten lässt sich der typischste Mainzer Snack, Spundekäs mit Brezel auch schnell besorgen. Spundekäs gibt es in jedem gut sortierten Supermarkt im Kühlregal, die passende Bretzel beim Bäcker, z. B. auch beim Ditsch – guten Appetit!

Mittagszeit – Mensa, Kantine oder Mittagstisch?

Bist Du Student, kannst Du natürlich einfach in die Mensa gehen, für wenig Geld ein Mittagessen bekommen und Dich dann sofort wieder auf die Bücher stürzen. Praktisch, oder? Aber nicht jeder ist Student und nicht jeder Student ist ein Fan der Mensa-Küche.

Studierst Du nicht oder nicht mehr, willst Dir das Mensa-Erlebnis aber dennoch nicht nehmen lassen, bekommst Du in der Mensaria, die sich über der Zentralmensa der Uni Mainz im Staudingerweg befindet, auch als Externer gegen Bares was Warmes zu essen.

Zum Glück gibt es ja aber noch Kantinen, in denen Du auch als Gast essen kannst: Neben dem Campus öffnet die **Bausparkasse Mainz** (Kantstr. 1) ihre Pforten, ganz zentral, am Bahnhof, kann man in der Kantine des **Casino Taubertsberg** (Wallstr. 5) speisen und wer sich eher in der Innenstadt aufhält, wird in der Rheinallee 41 bei den **Stadtwerken** fündig.

Du stehst nicht so auf Kantinenatmosphäre? Kein Problem! Dann solltest Du es in einem der Restaurants mit Mittagstisch probieren. Davon gibt es ganz schön viele in Mainz und daraus resultiert ein fast unüberschaubares Mittagsangebot. Am besten fängst Du auch hier wieder in der Nähe Deines Arbeitsplatzes an und testest Dich durch die örtlichen Angebote. Wenn Du aber eh in der Innenstadt bist und was anderes als Schnitzel mit Pommes willst, solltest Du es mal hier probieren:

Bengal Tandoori (Hintere Bleiche 25): Das angeblich erste bengalische Restaurant Deutschlands. Die Atmosphäre reißt einen nicht gerade vom Hocker, dafür ist das Essen genau so, wie man es sich wünscht: Lecker, heiß und schnell auf dem Tisch.

Thai Country (Emmeransstr. 32): Hier gilt die günstigere Mittagskarte sogar bis 18.00 Uhr, super wenn die Mittagspause mal nach hinten verschoben werden muss!

Mexico Lindo (Adolf-Kolping-Str. 17): Das südlich-bunte Ambiente ist perfekt zum Abschalten in der Mittagspause, der Mittagstisch für 5 € schmackhaft und sättigend.

Mamas Liebe (Rheinstr. 4L, Malakoff-Passage): Unschlagbar gemütlich mit rustikalen Holzbänken, bequemen, rot-weiß karierten Sitzkissen und Tischdecken, Möbeln im Landhausstil und Deko aus der shabby-chic-Richtung. Wechselnder Mittagstisch, guter Kuchen, leckerer Kaffee. Einfach toll!

Pasta Lounge (Lotharstr. 18-20): Kein klassischer Mittagstisch, aber super für die Mittagspause. Leckere Nudelgerichte, gute Pizza, leider serviert in Imbissatmosphäre. Dafür aber nicht allzu teuer.

Morgenland (Adolf-Kolping-Str. 4): Auch kein klassischer Mittagstisch, aber leider nur tagsüber geöffnet – hier gibt es tolle orientalische Gerichte neben Kleinigkeiten wie Sandwichs und knackig frischen Salaten. Sehr zu empfehlen!

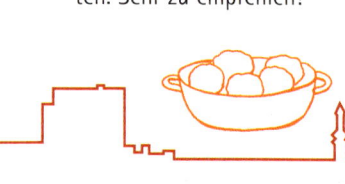

Satt werden mit dem kleinen Geldbeutel — Studentenkneipen!

Lernen macht hungrig. Oder etwa nicht? Jedenfalls haben die Studentenkneipen der Stadt erkannt, dass Studis immer Hunger haben und das Bier gleich dreimal so gut schmeckt, wenn man dazu was Leckeres und Günstiges zu futtern vor sich stehen hat. Deswegen kannst Du in der Regel zum Bierchen auch immer was zu essen bestellen. Natürlich lohnt sich das aber nicht überall.

Besonders gut essen kannst Du zum Beispiel im **Haddocks** in der Frauenlobstraße 29. Die Pasta hier ist einfach göttlich und der Meenzer Klassiker Spundekäs passt so richtig gut zum günstigen Bier. Außerdem sehr gut ist das **Quartier Mayence** (Weihergarten 12). Hier gibt es super belegte Baguettes!

Round the World
– von typisch Meenzerisch bis Asiatisch-Außergewöhnlich

Die Mainzer Gastronomie ist unglaublich vielseitig. Egal, ob du eher Lust auf Pizza oder Gyros, Pasta oder Tapas hast: Für jeden Geschmack und Geldbeutel gibt es das richtige Restaurant!

Italienisch

Da Bruno (Neubrunnenstr. 7): Gute, bodenständige, italienische Küche, herausragender Service. Eine Mainzer Institution!

Trattoria Peperoncino (Emmeransstr. 1): Gehobene italienische Küche und super Service.

Hunger
Fast Food
Speisekarte
Essen
Restaurant

Vapiano (Rheinstr. 4G, Malakoff-Passage): Natürlich gehört das Vapiano Mainz zur bekannten Kette, aber hey, wer die hausgemachte Pasta einmal probiert hat, ist ihr einfach verfallen.

Il Mondo (Kurzmainzer Str. 24): Bessere italienische Küche gibt es in Mainz einfach nicht, die Pizza ist ein Traum. Dafür auch etwas teurer. Unbedingt reservieren, trotz der Lage abseits der Innenstadt ist es hier immer voll!

Spanisch

Barrio Alto (Gaustr. 19): leckere Tapas, die beste Paella der Stadt – essen wie in Spanien!

Asiatisch (Thai–Chinesisch–Sushi)

Thai Style (Neubrunnenplatz): Eher ein Imbiss als ein echtes Restaurant, aber man kann gemütlich draußen sitzen. Verwendet kein Glutamat und hat eine gute Cocktailauswahl!

Domo (Mittlere Bleiche 27): Sushi und koreanische Spezialitäten, gehört zu den besten Sushiquellen der Stadt.

Buddahs (Kleine Langgasse 2): Nicht nur als Lieferdienst gut, auch zum Reinsetzen und vor Ort essen eine gute Location. Das edel-schicke Design mit asiatischen Einflüssen vereint die im Namen enthaltenen Elemente Bar – Sushi – Grill wunderbar.

MoschMosch (Mailandgasse 3): Eine echte japanische Nudelbar. Definitiv eine der coolsten Locations, um Japanisch zu essen, leider aber auch eher unbequem. Das Essen ist aber so gut, dass man trotzdem immer wieder hingeht!

Mr. Poon (Augustiners. 22): Das wohl günstigste chinesische All-You-Can-Eat der Stadt – lecker! Und bloß keine zu enge Hose anziehen ...

Shanghai Garden (Kurmainzer Str. 48): Einfach nur der beste Chinese in Mainz, unbedingt probieren – das Essen lohnt den Weg nach Finthen auf jeden Fall!

Niko Niko Tei (Gaustr. 73): Super Sushi und das Grüntee-Eis ist immer eine Sünde Wert!

Happy Sumo Sushi (Holzhofstr. 5): Große Auswahl an vegetarischem Sushi!

Indisch

Man könnte meinen, dass die Neutorstraße das indische Viertel der Stadt bildet – wie dem auch sei, hier gibt es gleich zwei tolle Inder beieinander.

Ban Thai (Neutorstr. 18): So stellt man sich ein indisches Restaurant vor! Die Einrichtung ist über und über mit Schnitzereien versehen und spätestens beim Essen bekommt man den Eindruck, eigentlich gerade gar nicht mehr in Deutschland zu sein. Unbedingt ausprobieren! Einige Gerichte auch zum Mitnehmen.

Indian Tandoori (Neutorstr. 19): Wie der Name schon vermuten lässt, sollte man hier zum Tandoori greifen – unschlagbar gut! Hier gibt es übrigens auch einen guten Mittagstisch.

Mongolisch

Restaurant Han (Mombacher Str. 76): Unbedingt das Abendbuffet probieren – es ist jeden Cent wert.

Orientalisch

Menara Suite (Holztorstr. 24): Gute Orientalische Küche, interessante Wochenangebote und unten drunter eine tolle Lounge, um den Abend gemütlich bei einem Drink ausklingen zu lassen.

endlich Mainz endlich endlich Mainz

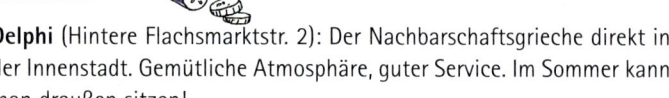

Griechisch

Delphi (Hintere Flachsmarktstr. 2): Der Nachbarschaftsgrieche direkt in der Innenstadt. Gemütliche Atmosphäre, guter Service. Im Sommer kann man draußen sitzen!

Kreta (Bettelpfad 5): gute, bodenständige griechische Küche, netter Service.

Naxos (Weintorstr. 21): tolle familiäre Atmosphäre, hier fühlt man sich wie in Griechenland.

Steakhouse

El Chico (Kötherhofstr. 1) : Bestes argentinisches Rindfleisch auf den Punkt gegart. Die erste Adresse für alle Steakfans in Mainz! Man sollte reservieren, um sicher zu gehen, dass man auch wirklich zu seinem Steak kommt.

Gutbürgerlich

Brauhaus zur Sonne (Betzelsstr. 23): Für gutes, bodenständiges Essen ist man hier an der richtigen Adresse. Das Ambiente macht nicht viel her, dafür ist der Service ausgesprochen freundlich.

Fisch Jakob (Fischtorstr. 5): Frischer Fisch in uriger Atmosphäre. Auch mal was, um mit den Eltern oder Großeltern hinzugehen, da das Publikum vorwiegend älter ist. Das ändert aber nichts an der guten Qualität des Fischs!

Glöckle (Schusterstr.18-20): Zentraler kann man keine gute, deutsche Küche finden. Hier gibt es zünftiges Essen in großen Portionen.

Heilig Geist (Mailandgasse 1): Bar, Biergarten, Restaurant mit einer Mischung aus deutscher und internationaler Küche – und das in besonderer Atmosphäre. Unbedingt und zu jeder Tageszeit einen Besuch wert!

Echt Meenzerisch

Augustinerkeller Weinrestaurant (Augustinerstr. 26): Spundekäs und Handkäs mit Musik schmecken hier einfach am besten. Urig, gemütlich, typisch Mainz.

Eisgrub-Bräu (Weißliliengasse 1a): Die älteste Mainzer Gasthausbrauerei! Tagsüber kann man sich durch die immer noch aktive Brauerei führen lassen, abends öffnet das Gasthaus mit gutem Essen und noch besserem Bier seine Pforten. Natürlich zieht der Name viele Touristen an, die Preise bleiben aber, gemessen an der Qualität, trotzdem voll und ganz im Rahmen.

Eine (größere) Kleinigkeit gefällig?

Eigentlich soll es doch nicht gleich ein Restaurantbesuch sein, aber auch echt nicht schon wieder ein Döner oder Fritten? Einfach mal was ... anderes, frisches, gesundes, aber nicht so aufwendiges?
Dann sind diese Läden die richtige Adresse:

Happinez Pausenkultur (Fuststr. 8): leckere belegte Brote, frische Salate und dazu ein schöner Kaffee zu günstigen Preisen.

Souperie (Große Langgasse 6): Frische, hausgemachte Suppen, ein paar Salate, perfekt für den Snack zwischendurch. Hier wird an jede Abneigung und Unverträglichkeit gedacht – keine Laktose gefällig oder doch eher vegetarisch? Einfach nachfragen!

Echt saftig (Betzelsstr. 13): Die beste Saft- und Salatbar der Stadt. Immer frisch, immer lecker, immer gut für den Vitamin-Spiegel. Und der Service ist unglaublich freundlich, egal wie stressig es gerade ist!

endlich Mainz endlich endlich Mainz

Hunger
Fast Food
Speisekarte
Essen
Restaurant

Für besondere Tage

Wenn die Eltern zahlen oder man das Date beeindrucken möchte, darf es auch mal ins Geld gehen. Natürlich sind alle oben genannten Restaurants gut, aber so richtig edel isst man dann doch noch woanders.

Zuallererst muss an dieser Stelle natürlich Frank Buchholz genannt werden. Das Restaurant **Buchholz** in der Klosterstraße 27 ist das erste mit Michelin-Stern ausgezeichnete Restaurant der Stadt. In gediegener Atmosphäre erwarten den Gast hier Gerichte der deutschen Küche mit mediterranem Einschlag, die größtenteils aus regionalen Zutaten zubereitet werden.

Neben dieser Institution der Mainzer Gastronomie eröffnete Frank Buchholz im Frühjahr 2011 das **Bootshaus im Mainzer Winterhafen**. In romantischer Atmosphäre kann der Gast hier direkt am Rhein ein Glas Bier oder einen erlesenen Wein genießen und dazu aus einer kleinen, exquisiten Karte wählen. Aufgrund seiner Lage eignet sich das Bootshaus nicht nur zum edlen Essen, sondern mindestens genauso gut als Ausflugsziel für eine Tasse Kaffee!

Auch im **Bassenheimer Hof** (Weintorstr. 21) wird auf höchstem Niveau gekocht. Da Restaurant und Bistro nur über wenige Plätze verfügen, empfiehlt sich eine rechtzeitige Reservierung. Ganz besonders schön ist der mediterran angehauchte Innenhof!

Steins Traube (Poststr. 4) ist ein Grund dafür, den Stadtteil Finten so richtig zu mögen. Wer deutsche Küche, außergewöhnlichen Service und beste regionale Weine sucht, sollte den Weg nicht scheuen. Dieses Restaurant gehört zum Besten, was die Mainzer Gastronomie zu bieten hat!

Das Bellpepper (Malakoff-Terrasse 1) hingegen liegt in direkter Nachbarschaft zur Innenstadt, auf der dem Rhein zugewandten Seite des Fort Malakoff. Die Küche ist einfach, modern, aber exquisit und bietet sowohl Sushi als auch Regionales, so dass keine Wünsche offen bleiben. Unbedingt die Desserts probieren!

Dass Mainz recht nah an der französischen Grenze liegt, merkt man der Gastronomie hier im Allgemeinen wenig an. Eine formidable Ausnahme dieser Regel bildet die französische **Weinstube Templer** (Kapuzinerstr. 29), die neben besten Weinen in gemütlicher Atmosphäre auch sehr gute französische Küche bietet. Im Sommer ist es besonders schön, den Wein auf der Terrasse zu genießen – in einer ruhigen Nebenstraße der Altstadt im Schatten einer alten Kirche fühlt man sich gleich wie im Urlaub!

endlich Mainz endlich
endlich Mainz

Kaffee
endlich
Cappuccino

Durst?
Durst?
Durst?
Durst?
Bier
Bier
Bier
Bier
Wein
Wein
Kaffee
Cappuccino
Cappuccino
endlich
Cappuccino
Kaffee
Wein
Bier

Gemeinsam was trinken zu gehen ist ein soziales Erlebnis, aber alleine bei einem Bier über den Feinschliff der Hausarbeit, Diss oder des neuen Projektes zu brüten, kann auch sehr produktiv sein. Und überhaupt, eine gute Stammkneipe hilft ungemein, wenn man sich in einer neuen Stadt zu Hause fühlen will! Wo es in Mainz am gemütlichsten ist, egal ob für einen Kaffee, ein Bier oder einen fancy Cocktail, verraten wir Dir hier.

Der Koffein-Kick – to stay oder to go?

Was wäre ein Morgen ohne Kaffee? Das bittere, heiße, schwarze Gebräu gehört doch einfach zum Start in den Tag dazu – wie sonst soll man durch die nächsten Stunden kommen, wenn man durchgefeiert hat oder die halbe Nacht noch an einer Hausarbeit saß? Nun reicht die Zeit aber nicht immer, um Kaffee aus der hauseigenen Quelle zu zapfen, oder man ist schon unterwegs und braucht ganz, ganz dringend Nachschub, weil der Koffeinpegel im Blut bedenklich absinkt. Die gute Nachricht: Die Auswahl an wirklich guten Kaffee-Quellen ist groß!

Zum Mitnehmen

Wer wirklich nur den schnellen Kick sucht und mehr Wert auf laktosefreie Milch im Cappuccino als auf das ultimative Geschmackserlebnis legt, ist gut beraten mit einem Becher aus der **Yormas-Filiale** im Mainzer Hauptbahnhof . Für jeweils nur einen Euro bekommt man hier Kaffee, Cappuccino, Latte Macchiato und Co., eben auch mit laktosefreier Milch, in Windeseile gezapft – kein Geschmackserlebnis, aber durchaus trinkbar.

Wer höhere Ansprüche stellt, bekommt gleich um die Ecke, ebenfalls im Bahnhof, das richtige Getränk im **Coffee Fellows**. Ganz im Stil des großen Konkurrenten mit dem S am Anfang gibt es hier diverse Kaffeespezialitäten und einiges an Gebäck. Vielleicht lädt Dich die reizvolle Lounge-Atmosphäre direkt neben Gleis 1 sogar doch zum Verweilen ein. Hast Du Kaffee-Verächter als Freunde, können die sich hier sogar an einer leckeren Hot Chocolate laben!

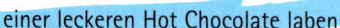

Etwas weiter weg findet sich der Klassiker der Mainzer Coffee Shops, **Coffee Bay** am Schillerplatz. Alles, was Dein Kaffee-Herz begehrt, gibt es hier in bester Qualität zum soliden Preis. Wie es sich für einen echten Coffee Shop gehört, ist der Laden klein: Also wirklich eher was für Coffee to go!

Mitten in der Innenstadt findest Du außerdem noch **Basic Coffee** (Stadthausstr. 6 – Seppel-Glückert-Passage). Neben super Kaffeespezialitäten (der Frappé ist ein Traum!) gibt es hier die wohl besten Bagels der Stadt – frisch belegt sind sie die ideale Ergänzung zum Kaffee.

Das gemütliche Käffchen

Manchmal ist es doch nicht soo eilig mit dem Kaffee, da geht es mehr um das Zelebrieren, den Genuss, um leckere Kaffee-Kreationen aus guten Bohnen, ein tolles Stück Kuchen dazu, das Ganze serviert in gemütlicher Atmosphäre ... Klingt gut, oder? Dafür sollte man natürlich nicht unbedingt den Coffeeshop mit dem größten Durchgangsverkehr wählen, sondern lieber ein schönes, gemütliches, kleines Café ansteuern.

Sehr leckeren Kaffee gibt es im **Muffins** (Am Brand 1). Der Name verspricht auch nicht zu viel: Das Frühstück ist hier wirklich gut und die große Auswahl an Gebäck verlockt zum nachmittäglichen Schlemmen. Kaffee gibt es hier auch to go, die junge Atmosphäre ist aber wirklich so einladend und gemütlich, dass Du ruhig etwas mehr Zeit zum Genießen einplanen solltest.

Mehr Kaffee auf der nächsten Seite

endlich Mainz endlich endlich Mainz

Bier Wein Trinken
Wasser
Geselligkeit

 Eher klassisch zeigt sich hingegen das **Café Blum** (Kötherhofstr. 1-3). Abseits der großen Besucherströme bekommst Du hier neben dem Kaffee die wohl beste heiße Schokolade der Stadt, guten Tee und kleine, hausgemachte Speisen in angenehm-ruhiger Umgebung serviert.

 Das **Proviant Magazin** (Schillerstr. 11a) ist ein echter Allrounder. Egal, ob man einen Platz für einen guten Kaffee am Nachmittag sucht, lecker Frühstücken will, einem der Sinn nach Mittagessen steht oder man doch lieber gleich nach dem Kaffee noch ein gutes Abendessen genießen möchte: Hier ist man richtig.

 Das **Café awake** in der Steingasse 24 ist die Anlaufstelle für alle, die Wert auf Fair Trade legen. Fair gehandelter Kaffee, leckere Waffeln, gemütliche Sessel und kostenloses WLAN laden dazu ein, hier auch mal einen ganzen Nachmittag zu verbringen. Untermalt wird das ganze von angenehmer Jazz-Musik. Chillig!

Das **Altstadtcafé** (Schönbornstr. 9a) ist eine Institution in der Mainzer Café-Szene. Seit dreißig Jahren gibt es hier in bester, ruhiger Altstadtlage (keine Autos, ideal zum draußen sitzen!) besten Kaffee und richtig gutes Frühstück. Je nach Jahreszeit locken außerdem Specials, z. B. hausgemachter Eistee im Sommer.

Das Pflichtprogramm für alle Mainzer Kaffee-Freunde ist daneben natürlich auf jeden Fall die **Mainzer Kaffeemanufaktur**. In mehreren Filialen in der Innenstadt (unter anderem: Adam-Karrillon-Str. 54, Betzelsstr. 20-24) wird der selbstgeröstete Kaffee serviert. Super lecker und auch immer ein gutes Mitbringsel für Freunde und Familie in der Ferne.

Im **Lomo** (Ballplatz 2) trinkt man seinen Kaffee inmitten großer Bücherregale. Schmökern ist ausdrücklich erlaubt und die Sofa-Ecke dafür besonders gut geeignet. Zwischen mehr oder weniger aktuellen Titeln finden sich in den Regalen auch echte Schätze und Raritäten und da das Café am ruhigen Ballplatz liegt, lässt es sich lauschig draußen sitzen. Wenn es voll wird, ist abends manchmal auch der urige Gewölbekeller geöffnet. Übrigens sind im Lomo auch Frühstück und Kuchen ausgezeichnet!

Typisch Meenz: Die Weinstube!

Rund um Mainz erstreckt sich das größte Weinanbaugebiet Deutschlands! Da ist es wohl Ehrensache als Neu-Mainzer, sich erst mal eine gute Stamm-Weinstube zu suchen, oder? Denn außer richtig guten Weinen gibt es in den meisten Weinstuben auch noch leckeres Essen dazu. Die meisten Weinstuben befinden sich in der Mainzer Altstadt, rund um die Augustinerstraße. Hier eine Auswahl zur ersten Orientierung:

Weinhaus zum Beichtstuhl (Kapuzinerstr. 30)

Weinhaus Wilhelmi (Rheinstr. 53):

Weinstube Rotekopf (Fischergasse 3)

endlich Mainz endlich
endlich Mainz

Weinstube Hof Ehrenfels (Grebenstr. 5-7)

Weinhaus Erbacher Hof (Grebenstr. 18)

Weinhaus Bluhm (Badergasse 1)

Weinstube Lösch (Jakobsbergstr. 9)

Weinhaus Michel (Jakobsbergstr. 8)

Weinstube Bacchus (Jakobsbergstr. 7)

... außerdem ist es in Mainz quasi unmöglich, die Federweißer-Saison zu verpassen: In der ganzen Innenstadt schießen in dieser Zeit Buden mit frischem Federweißen der lokalen Winzer aus dem Boden. Unbedingt mal das Angebot durchprobieren!

Und eine Weinprobe sollte man sich auch nicht entgehen lassen. Diese bietet zum Beispiel die **Weinhandlung Weinkiste** in der Hinteren Blei-che 24 an. Wer lieber direkt beim Winzer probieren möchte, findet im Weinbaugebiet Rheinhessen jede Menge landschaftlich wunderschön gelegener Weingüter, die oft neben der Weinprobe auch kleine Speisen (Handkäs, Spundekäs, Weck, Worscht und Woi) anbieten. Macht Spaß! So eine Weinprobe lässt sich übrigens auch gut mit einer Wanderung verbinden – es ist allerdings empfehlenswert, erst zu wandern, dann zu probieren.

Unter www.rheinhessen.de kannst Du Dir das passendes Weingut raussuchen.

lecker Wein

auch lecker Wein

Die besten Bierquellen der Stadt

Bier, Bier, Bier! Man liebt es oder man hasst es, aber für den, der es mag, wäre ein Leben ohne wohl unvorstellbar. Entsprechend groß ist auch die Auswahl guter Lokalitäten zum Genuss des Gerstensaftes. Die Möglichkeiten reichen dabei von der kleinen Bierstube über die klassische Kneipe und die Gasthausbrauerei bis zum Irish Pub.

Irish Pubs

The Porter House (Große Langgasse 4): der größte der Irish Pubs, leckere Burger zum Bier und eine tolle Quiz-Night!
Sixties (Große Langgasse 11): die größte Auswahl internationaler Biere in der Stadt!
Irish Pub (Weißliliengasse 5): Open Stage und die Karaoke-Nächte rocken so richtig!

Bierstube

Kleines Andechs (Holzhofstr. 13): Treffpunkt der Generationen, hier geht jeder gern hin.

Brauhäuser

Gasthausbrauerei Eisgrub Bräu (Weißliliengasse 1a): Hier wird noch selbst gebraut und das Bier für wahre Fans im 3-Liter-Turm serviert!
Paulaner Bräustüberl (Rheinstr. 45): Wer es eher bayrisch mag, ist hier gut aufgehoben.

„klassische" Kneipen

Zeitungsente (Neubrunnenstr. 7): Seit über 30 Jahren Treffpunkt von Jung und Alt.
Viva Moguntia (Kartäuserstr. 5): Riesige Auswahl an Biersorten aus ganz Deutschland, einige davon darf man sogar selbst zapfen!

Prost!

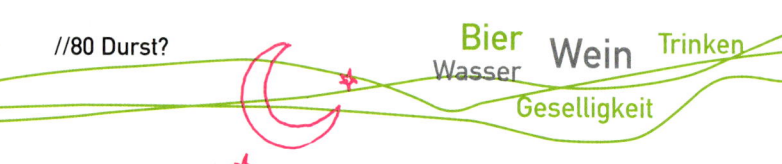

Bier Wein Trinken
Wasser
Geselligkeit

Bunt, süß, lecker: Cocktails und Longdrinks

Ein leckerer Drink in passender Atmosphäre, gut gemischt, aber nicht zu teuer. Und viel Auswahl soll es bitte auch geben – man will ja schließlich nicht immer das gleiche trinken!

Fans des hochprozentigen Genusses werden sich im **Pourist** (Heugasse 6) wohlfühlen. Neben 100 verschiedenen Cocktails finden sich hier nämlich auch 60 Sorten Vodka auf der Karte. Gemütliche Lounge-Ecken laden zum gechillten Genuss ein.

Orientalisch geht es im **Sesamé** (Lauterenstr. 37) zu. Hier werden leckere Cocktails in gemütlichen Kissenlandschaften serviert. Dazu gibt es günstige Shishas. Wer seinen Geburtstag hier feiert, bekommt übrigens eine Shisha und einen Cocktail gratis!

Das **Panama** (Dagobertstr. 2) ist auf den ersten Blick vor allem an einem erkennbar: Der Kuh im Fenster! Drinnen gibt es coole Musik und leckere Drinks. Der Laden ist allerdings recht klein, also lieber früh da sein oder reservieren.

Beim **Sau Salitos** (Mitternachtsgasse 1) hingegen handelt es sich um die Filiale einer Kette – nicht sehr individuell der Laden, sondern genau so, wie man es aus anderen Städten gewohnt ist. Trotzdem macht die Happy Hour Spaß, da die Drinks hier groß und gut gemischt sind.

Wer zu seinem Drink gerne ein paar spanische Häppchen hat, ist im **Besitos** (Bahnhofsplatz 4) an der richtigen Adresse. Mehrere Cocktail-Happy-Hours täglich machen die Preise auch für den kleinen Geldbeutel erträglich und Lust darauf, sich einmal durch die ganze Karte zu probieren. Und die Tapas sind auch nicht schlecht!

Eine der größten Cocktailkarten der Stadt bietet das **Neros** (Mombacher Str. 39-41). Je nachdem, an welchem Abend man hierher kommt, gibt es alle Cocktails mit dickem Rabatt oder man erwürfelt sich den Cocktailpreis. Das macht Laune! Auf der großen Cocktailkarte finden sich neben allen Standard-Drinks auch einige Hauskreationen, die wirklich gut sind: Also nur Mut, ruhig mal was Neues ausprobieren!

Bunt und lecker ist es auch im **Ballplatzcafé Novum** (Ballplatz 2), das eine kleinere, aber dafür nicht weniger gute Cocktailauswahl anbietet.

In der **Medina Lounge** (Holzhof 16-18) ist es eigentlich immer voll, darum sollte man lieber reservieren. Das spricht aber nur für die marokkanische Bar, in der es neben tollen Cocktails auch Shishas gibt. Achtung, hat Sonntags geschlossen!

Im **Octan** (Jakobsbergstr. 12) gibt es günstige Longdrinks in angenehmer, junger Atmosphäre. Im Sommer kann man auch draußen sitzen und die Bierauswahl kann sich ebenfalls sehen lassen. Aber wer keinen Fußball mag, sollte diesen Platz an Spieltagen meiden: Hier wird auf Großbildleinwand übertragen.

Die **Bar jeder Sicht** (Hintere Bleiche 29) hingegen wendet sich mit ihrem Angebot an die schwul-les-bi-sche Szene der Stadt. Hier gibt es neben einigen guten Drinks ein breites kulturelles Angebot.

endlich Mainz endlich endlich Mainz

Studentisch-gemütlich

Man kann es nicht leugnen: Mit über 35.000 Studierenden ist Mainz eine wahre Studentenstadt! Dass sich das auch in der Kneipenkultur niederschlägt, ist dabei kein Wunder. In Studentenkneipen treffen sich aber keineswegs nur die Studis der Stadt, nicht dass hier ein falscher Eindruck entsteht. Nein, die so genannten Studikneipen sind Treffpunkte der jungen Szene, in denen das Bier nicht allzu viel kostet, es meist auch eine günstige Kleinigkeit zu essen gibt und immer wieder kreativ-spaßige Aktionen für Stimmung sorgen.

Aber auch, wenn gerade nichts besonderes los ist, ist die Stimmung in den Studikneipen meistens richtig gut. Nur zu Semesteranfang muss man ein bisschen vorsichtig sein, da kann es nämlich vorkommen, dass die liebste Studikneipe gerade von drei Ersti-Kneipentouren auf einmal verstopft wird. Aber hey, dieses Erlebnis, egal ob als Teilnehmer oder Beobachter, gehört einfach zum Leben in einer Studentenstadt dazu!

Zu den besten Studentenkneipen der Stadt gehören natürlich die schon im Zusammenhang mit ihrem guten Essen genannten Locations **Quartier Mayence** (Weihergarten 12) und das **Haddocks** (Frauenlobstr. 29). Letzteres nennt sich übrigens nicht umsonst „das Wohnzimmer der Neustadt": Jeden Sonntag ist hier gemeinschaftliches Tatort-Gucken angesagt und dass alle Spiele von Mainz 05 übertragen werden, ist natürlich Ehrensache!

Ebenfalls sehr gemütlich ist es im **Nirgendwo** (Boppstr., Ecke Frauenlobstr.). Hier geht es ein bisschen ruhiger zu, gerade die Ecktische sind aber toll, wenn man mit einer größeren Gruppe unterwegs ist.

Die **Fiszbah** (Frauenlobstr./Ecke Reimundi 13) ist mehr als nur eine Studentenkneipe. Auf den DJ-Partys und zur Cocktail-Happy-Hour feiert hier ein junges, eher alternatives Publikum.

Und dann wäre da noch die **Bagatelle** (Gartenfeldstr. 22). Das Mobiliar ist etwas abgenutzt und ein bisschen Farbe würde auch gut tun – aber gerade das macht ihren Charme aus. Der macht die Bagatelle eher zu einer Stadtteilkneipe mit bunt gemischtem Publikum als zum rein studentischen Szenetreff.

endlich Mainz endlich endlich Mainz

Grillen

Biergarten
Biergarten

Badesee
Badesee
Badesee

Eis

Grillen

Sommer!

Es ist Sommer!

Sommer! endlich

Kicken

Kicken

Grillen   Grillen

Badesee   Grillen   Grillen

Biergarten   Grille

Biergarten   endlich

Biergarten

Sonne Grillen Baden Eis Kicken

Die meisten Sachen sind schlichtweg noch besser, wenn man sie draußen und in der Sonne machen kann. Der Mainzer Sommer bietet dafür die besten Voraussetzungen. Denn in Mainz musst Du nur ein paar Schritte vor die Wohnungstüre machen, um all die tollen Dinge zu finden, die den Sommer zur schönsten Zeit des Jahres machen.

Eis

Wenn Dir die Sonne so richtig auf den Scheitel brennt und Deine Körpertemperatur dem Siedepunkt gefährlich nahe kommt, gibt es für viele nur eine Rettung: eine eisige Abkühlung. Dösig im Schatten sitzend oder eine Waffel auf die Hand für unterwegs – hier gibt's für jeden was:

Eiscafé Florenz (Römerpassage)
Das Eis ist wirklich unglaublich gut und die Auswahl riesig. Die Eisbecher wirken eher wie kleine Kunstwerke, nicht wie etwas zu essen, eine Bestellung wie „Melonenbecher mit ganzen Früchten" wird hier wörtlich genommen und zotige Macho-Sprüche gibt es noch obendrauf. Einziges Manko: Man kann nicht draußen sitzen, sondern nur nach draußen schauen, dank der großen Panoramafenster.

Eiscafé Florenz (Hopfengarten 6)
Selber Besitzer, selbes Konzept, aber alles ein wenig kleiner und gemütlicher. Am Ende der Augustinerstraße gibt es seit kurzem ein zweites Florenz, hier sogar diesmal mit schönem Außenbereich.

Eiscafé Venezia (Adolf-Kolping-Str. 1)
Direkt unterhalb der Konkurrenz vom Florenz in der Römerpassage gelegen, hat das Venezia einen entscheidenden Vorteil: Man kann draußen sitzen. Die Eissorten sind bodenständig und sehr lecker.

Rizelli (Am Brand 15)
Mitten in der belebten Fußgängerzone hat das Rizelli einen guten Standort, deshalb sind aber meist auch die wenigen Außenplätze besetzt. Also bleibt hier oft nur das Eis auf die Hand.

Rizelli (Leichhof 32)
Kitschiges, aber doch auch irgendwie gemütliches Italien-Flair erwartet einen hier. Nebst Eis gibt es auch wunderbare Snacks und andere Leckereien. Ergattert man einen Außenplatz, ist der unmittelbare Blick auf den Dom natürlich unbezahlbar.

Eiscafé Dolomiti (am Hoefchen)
Relativ unscheinbares kleines Eiscafé, aber in toller Lage direkt vorm Theater. Spektakuläre Überraschungs-Eisbecher gibt es hier zwar nicht unbedingt, aber ein paar innovative Eissorten zieren die Kühltheke.

Eiscafé De Covre (Schillerplatz 16)
Dieses Café versorgt am belebten Schillerplatz die abkühlungshungrigen Stadtbummler mit Eis. Sehr, sehr lecker und zu Portemonnaie-freundlichen Preisen. Allerdings ist es an warmen Tagen sehr schwer, dort einen Platz zu erobern.

Grillen

Sonne

Baden

Eis

Kicken

Biergärten

Sommer ist Biergartenzeit! Was gibt es Herrlicheres, als an einem lauen Sommerabend im Biergarten unter Bäumen zu sitzen, mit Freunden zu quatschen und dabei ein kühles Blondes zu genießen? Eigentlich nichts. Also, los geht's!

Kanzel

Geschickt positioniert auf einer Art Halbinsel auf dem Rhein ist die Kanzel einer der schönsten Mainzer Biergärten. Zwar gehört er zum benachbarten Hyatt Hotel, doch davon sollte man sich nicht abschrecken lassen. Bodenständige Getränke jeder Art und Grillgut werden auch zu ebensolchen Preisen angeboten und einmal die Woche gibt es einen Salsa-Abend, an dem man kostenlos heiße Hüftschwünge üben kann – und hinterher seine Blase auf der Toilette eines 5-Sterne-Hotels zu entleeren hat doch auch was.

Biergarten auf der Mole (am Winterhafen)

Auf einer kleinen Landzunge, im Winterhafen gelegen, ragt dieser Biergarten noch ein Stückchen weiter in den Rhein als die Kanzel und hat dadurch ein ganz besonderes Flair. Unbedingt Platz freihalten lassen, hier gibt es nicht so viele davon.

Franziskaner-Biergarten (am Winterhafen)

Hier hat man versucht, mit aufgeschüttetem Sand und bunten Schirmen Karibikflair zu schaffen. Ob dies gelungen ist, darfst Du selbst entscheiden. Die grauen Betonwände, die diesen Biergarten von drei Seiten umgeben, sind jedenfalls leider immernoch da.

Bier im Trocknen? s. Durst, S. 79

Schlossgarten

Mitten in den historischen Gemäuern des Mainzer Schlosses findest Du eine etwas andere Art des Biergartengenusses. Neben All-you-can-eat-Abenden gibt es auch mal Biergarten-Untypisches wie Kunstausstellungen, DJ-Auftritte und Yogakurse. Spannende Mischung!

Im Volkspark

Auch im größten innerstädtischen Stückchen Grün, dem Volkspark, gibt es einige Möglichkeiten, ein Bierchen zu zischen. Betrittst Du den Park von der Rheinseite aus, gelangst Du bald zum **Favorite Biergarten**. Hier sitzt man wirklich idyllisch, mit Blick auf die kleinen grünen Hügel und den glitzernden Rhein. Gehst Du weiter vom Rhein weg, erreichst Du das **Schwayer**. Hast Du es Dir auf einer der Bierbänke gemütlich gemacht, kannst Du hier wunderbar den Blick über das Getümmel auf der weitläufigen Rasenfläche schweifen lassen.

Plantschen, Baden, Schwimmen

Pack die Badehose ein, klemm das Handtuch untern Arm, und dann geht's los. Denn Schwimmen und Plantschen sind ein sommerliches Muss für jedermann und unerlässlich für die körperliche und geistige Erfrischung. In der großen, großen Stadt ist das naheliegendste immer noch ein Besuch im Freibad:

Freibäder

Wenn die Saunen des **Taubertsbergbades** (Wallstr. 9) leer stehen und die Dampfgrotten austrocknen, kann das nur eines bedeuten: Freibadzeit! Das städtische Schwimmbad liegt direkt am Hauptbahnhof und ist somit von überall gut zu erreichen. Doch trotz der zentralen Lage spürt man vom alltäglichen Lärm so gut wie nichts, denn der Freibadbereich des Taubertsbergbades ist sehr gut von der Außenwelt abgeschottet. Tagsüber herrscht hier Jubel, Trubel, Heiterkeit durch jede Menge Kinder und Sonnenanbeter, gegen Abend trudeln viele Berufstätige ein, die schnell noch ein paar Bahnen ziehen wollen.

Grillen

Sonne

Eis

Baden

Kicken

Nicht besonders zentral, aber dennoch eine Alternative zum innerstädtischen Nass ist das **Schwimmbad „Am Großen Sand"** (Obere Kreuzstr. 11-13) in Mombach, welches mit dem Bus sehr gut zu erreichen ist. Schon allein wegen der Eintrittspreise lohnt es sich, den etwas weiteren Weg hin und wieder in Kauf zu nehmen.

Nicht nur schwimmen kannst Du hier, sondern neben dem üblichen Sortiment an Schwimmbecken gibt es auch Basketball- und Volleyballplätze sowie Tischtennisplatten – Equipment kannst Du vor Ort ausleihen. Sogar ein Schwimmbadfest gibt es hier jeden Sommer, mit lustigen Wettkämpfen und Live-Musik.

Nur einen Katzensprung entfernt, wenn auch über den Rhein, befindet sich das idyllische **Maaraue-Freibad**, welches auch von den Mainzern rege genutzt wird. Der Weg auf die andere Rheinseite lohnt sich auf jeden Fall. Zwar sind die Becken nicht toller oder abwechslungsreicher als anderswo, aber die riesige saftige Rasenfläche ist einfach nicht zu toppen. Schnapp Dir Dein Fahrrad oder fahr mit dem Bus und lauf die restlichen Meter durchs Naturschutzgebiet.

Etwas weiter außerhalb (ca. 15 km von der Innenstadt) in Nieder-Olm liegt das **Rheinhessenbad** (Pariser Str. 165), welches Du aber mit Bus und Bahn gut erreichen kannst. Ein schönes Freibad mit grünen Wiesen und obligatorischer Pommes-und-Eis-Bude, wobei jegliche Zugänge und Wege behindertengerecht sind. Allerdings zahlt man hier Eintritt je nach Aufenthaltsdauer.

Mehr Infos unter
www.schwimmbaeder-rund-um-ingelheim.de

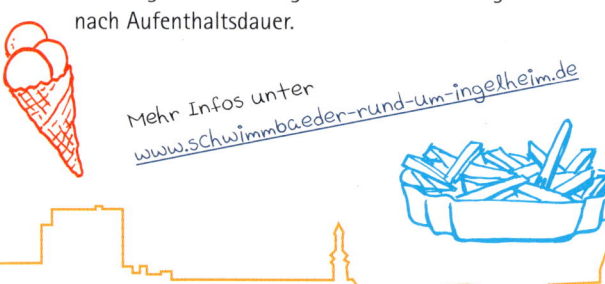

Badeseen

Wer die freie Natur der bisweilen etwas sterilen Schwimmbadkultur vorzieht, sollte sich schleunigst auf den Weg zu einem badetauglichen See machen. Da man Mainz nicht gerade als seenreiche Stadt bezeichnen kann, muss man dafür allerdings einige Reisekilometer in Kauf nehmen. Diese lassen sich obendrein fast nur mit dem Auto bewältigen, mit Bus und Bahn ist man zumindest lange unterwegs. Damit Du nicht im Nirgendwo landest, stellen wir Dir hier die wichtigsten Badeseen vor, für die es sich lohnt, auch mal ein paar Meter zu fahren.

Gimbsheimer See

Mit 30 km schon recht weit entfernt, aber dennoch der nächste Badesee auf der Mainzer Rheinseite. Hier zahlt man keinen Eintritt, lediglich eine kleine Parkplatzgebühr. Für Nahrung gibt's ne Pommes-Bude (allerdings nur bei schönem Wetter). Um hinzukommen, fährst Du die Gimbsheimer Hauptstraße entlang und biegst am Ende links in die Schwimmbadstraße ab. An deren Ende wiederum fährst Du rechts in einen landwirtschaftlichen Weg. Nicht von dem „Durchfahrt verboten" irritieren lassen. Irgendwann siehst Du dann links die Parkplätze.

Altrheinsee bei Eich

Wenn man den Gimbsheimer See einmal gefunden hat, ist der Altrheinsee auch nicht mehr weit. Denn fährt man am Ersteren einfach vorbei, ist man automatisch da. Auch hier kein Eintritt, bloß Parkplatzgebühr, das Wasser ist am Ufer schön seicht und wird erst langsam tiefer.

Sonne **Grillen** Baden

Eis

Kicken

Riedsee („Leeheimer See")

Der Riedsee – obgleich auf der anderen Rheinseite – ist mit Abstand der schönste Badesee, denn das Wasser ist kristallklar, wunderbar kühl und man kann sich aussuchen, ob man sein Handtuch auf sandigem oder wiesigem Untergrund ausbreiten möchte. Hier zahlt man einen geringen Eintrittspreis, hat dafür aber einen Bademeister, der ein Auge auf die Schwimmer hat, und ein sauberes Toilettenhäuschen. Am besten erreichst Du den See über die A60 Richtung Darmstadt, Ausfahrt Bischofsheim/Groß-Gerau, dann Landstraße über Trebur Richtung Leeheim.

Rüsselsheimer Waldschwimmbad (Am Waldsee, Rüsselsheim)

Um hierhin zu gelangen, musst Du Dich ebenfalls auf die andere Rheinseite wagen. Allerdings wird das wieder ausgeglichen durch die Tatsache, dass das Waldschwimmbad nur rund 15 km von Mainz entfernt ist. Während die anderen Seen allesamt Baggerseen sind, ist dieser der einzige natürliche, was man z. B. an der immer etwas schlammigen Farbe des Wassers erkennt. Die Kulisse entschädigt dafür aber, denn hier liegt man idyllisch auf einem kleinen Wiesenfleck am Rande des Waldes. Um rein zu kommen, zahlt man einen kleinen Eintritt, der sich aber allemal lohnt.

Schwimmen im Rhein

Irgendeinen Vorteil muss der Rhein ja schließlich haben! Wenn Dir das Schwimmen in Freibädern und Seen immer noch zu langweilig ist und Du Abenteuer und Nervenkitzel suchst, kannst Du gleich direkt im Rhein schwimmen gehen. Dies ist aber natürlich nicht überall empfehlenswert, da die Strömung generell sehr stark und gefährlich sein kann. Deshalb zeigen wir Dir hier ein paar Stellen, an denen das Baden im Rhein möglich ist. Trotzdem: Gut aufpassen!

Informationen zu Schwimmstrecken und Gefahren des Rheins findest Du unter www.schwimmen-im-rhein.de

Rettbergsaue Biebrich

Die Rettbergsaue ist eine kleine Insel mitten im Rhein zwischen Mombach und Wiesbaden. An mehreren Stellen gibt es hier kleine weiße Sandstrände, an denen man sein Handtuch ausbreiten und sich wie im Urlaub fühlen kann. Bleibst Du in Ufernähe, kannst Du hier im noch seichten Wasser schwimmen. Am besten erreicht man das kleine Paradies zu Fuß oder mit dem Fahrrad von Mombach aus über die Schiersteiner Brücke. Achtung! Runter zum Wasser kommst Du nur auf der Ostseite der Brücke, wenn Du davor stehst, rechts.

Budenheim Industriegebiet

Leider kann Budenheim sein bezauberndes Rheinufer gar nicht genießen, da Sicht und Zugang durch ein unansehnliches Industriegebiet versperrt sind. Schafft man es allerdings, irgendwie die labyrinthartigen Straßen des Gebiets zu durchqueren und an besagtes Ufer zu gelangen, wird man mit kleinen, aber feinen Stränden belohnt, die hier und da das Kiesufer durchbrechen. Hier sollte man besonders vorsichtig schwimmen, da es ohne Schutz direkt auf den großen, weiten Fluss hinaus geht.

weiter auf der nächsten Seite

Mainz   endlich

endlich   endlich   Mainz

Mombach

Am Mombacher Rheinufer gibt es ein kleines Stückchen Grün, das unmittelbar hinter dem Mombacher Kreisel beginnt und welches man nur zu Fuß oder mit dem Fahrrad erreichen kann. Wenn Du gegenüber den westlichen Zipfel der Rettbergsaue siehst, bist Du richtig. Hier wartet ein kleines Strandfleckchen auf Dich.

Grillen

In der warmen Jahreszeit ist die Verlockung meist sehr groß, die Küche nach draußen zu verlegen und ein saftiges Steak (oder eine Tofu-Wurst) auf den Rost zu schmeißen. Wer keinen eigenen Garten hat, ist natürlich auf Wald und Flur angewiesen. Und damit das nicht teuer wird, hier nun die beliebtesten legalen Grillstellen.

Grillen am Rhein

Da es offensichtlich einige schlechte Erfahrungen mit Lärm und Müllentsorgung gab, ist das Wildgrillen am Rhein seit Kurzem verboten. Dies ist natürlich sehr bedauerlich, da der Fluss die perfekte Kulisse für einen sommerlichen Grillabend bietet. Einige ausgewählte Bereiche sind aber von diesem Verbot ausgenommen und hier kann man nach wie vor die Würstchen brutzeln lassen.

Die **Winterhafenmole** zum Beispiel. Die erreichst Du, wenn Du die Rheinstraße entlang fährst und die Abzweigung „An der Nikolausschanze" nimmst – dann immer rechts halten. Hier versammelt sich eher das jüngere Volk und es kann auch mal etwas lauter zugehen.

Auch unterhalb des Brückenkopfs der **Theodor-Heuss-Brücke** darf gegrillt werden, bei gemütlicher Lagerfeuer-Stimmung mit Blick auf die beleuchtete Reduit in Kastel.

Wer es etwas abgelegener mag, kann auch den äußersten Zipfel der **Ingelheimer Aue** aufsuchen: in Höhe des Zollhafens rechts in die Gaßnerallee abbiegen und diese dann ganz bis zum Ende durchlaufen/-fahren. Bei allen Plätzen am Rhein sollte man einen eigenen Grill mitbringen.

Grillen im Grünen

Neben Grillen mit städtischem Flair gibt es natürlich auch noch einige Plätze, die etwas außerhalb liegen, aber nicht minder schön sind.

Zum **Volkspark** in der Oberstadt kann man problemlos laufen und es sich dort in Gesellschaft vieler anderer Grillwütiger gemütlich machen. Hier ist es auch erlaubt, außerhalb der markierten Feuerstellen ganz spontan den eigenen Grill aufzubauen.

© Raphael Rohe (www.rohe-design.de) / pixelio.de

Anders bei den nun folgenden Plätzen. Hier muss man sich vorher bei der zuständigen Verwaltung anmelden und meist auch noch eine Gebühr oder Kaution bezahlen. Das hat leider den Nachteil, dass Anfang des Sommers der Belegungsplan meist schon ziemlich voll ist. Also rechtzeitig planen!

Rustikal geht es zu auf dem Grillplatz in der **Alten Ziegelei** (Jägerstr. 35). Hier grillt man direkt neben dem verlassenen alten Werksgebäude und hat dabei jede Menge Platz für größere Gesellschaften.
www.alteziegelei-mainz.de

Grillst Du im **Hartenbergpark** (Jakob-Steffan-Str.), brauchst Du keine Angst vor Regen zu haben, denn eine kleine Grillhütte schützt das Haupt. Kontakt: 06131/38 70 73

endlich Mainz   endlich
endlich Mainz

Sonne **Grillen** Baden
Eis
Kicken

Auch der **Ebersheimer Grillplatz** (Die Lochsteig) hat eine kleine Grill-hütte, bloß muss man, um dort einen schönen Abend zu verbringen, einen recht weiten Weg in Kauf nehmen, denn der Grillplatz liegt zwi-schen Ebersheim und Harxheim mitten im Feld. Kontakt: 06136/4107, ortsverwaltung.ebersheim@stadt.mainz.de

Der wohl urigste Ort zum Grillen dürfte der Grillplatz im **Lennebergwald** (Im Wald 16, Budenheim) sein, allerdings ist dieser Platz leider auch nicht besonders zentral. Mitten im Wald gelegen findet man auch hier eine kleine Grillhütte.
www.lennebergwald.de

Picknicken

Einer der schönsten Zeitvertreibe an einem sonnigen Tag ist immer noch ein ausgedehntes Picknick. Decke auf den Boden, Proviant ausgepackt und schon kann es losgehen. Natürlich kannst Du theoretisch überall picknicken, doch es gibt einfach Orte, die sich besonders eignen. Hier ein paar Anregungen:

Es ist herrlich, wenn man nur ein paar Schritte Richtung Stadtrand machen muss und plötzlich mitten im Grünen steht. Dies ist das unschlagbare Argument für den **Volkspark** als Picknick-Platz. Doch da das sehr viele Menschen so sehen, solltest Du hier nur picknicken, wenn Du mal ein bisschen unter Leute kommen willst und Dich tobende Kin-der und Trubel nicht abschrecken.

Mit dem **Rheinufer** steht einem der größte Picknick-Platz überhaupt zur Verfügung, denn jedes Fleckchen Grün entlang des Rheins eignet sich bestens zum Sitzen, Essen, Gucken. Besonders toll ist das zur Dämme-rungszeit, denn wenn die Sonne untergeht, ist es hier so lauschig und romantisch, dass Du vermutlich gar nicht mehr weg möchtest.

Die **Winterhafenmole** liegt zwar auch am Rhein, hier ist an warmen Tagen aber richtig Trubel. Vor allem die Mainzer Jugend tummelt sich dann gern und zum Kartoffelsalat bekommst Du blecherne Technobeats und Rap-Mucke gratis.

Das Picknicken auf der anderen Rheinseite hat gegenüber allen zuvor genannten Plätzen einen entscheidenden Vorteil: den Blick auf Mainz. Macht man es sich auf der **Kasteler Rheinwiese** oder der **Kostheimer Maarauewiese** bequem, kommt man in den Genuss einer wundervollen Aussicht. Da scheint Mainz so nah, als könnte man schnell mal quer durch den Rhein nach drüben schwimmen.

Geheimtipp: Von hier aus kannst Du auch perfekt das Abschluss-Feuerwerk des Johannisfests bestaunen, denn das wird von der Mitte des Rheins abgefeuert. Lässt sich wunderbar mit einem abendlichen Picknick verbinden und man muss sich nicht mit den vielen, vielen anderen Mainzern um die besten Plätze prügeln.

s. feste Feste S. 180

Straußwirtschaften

Pünktlich zu Frühlingsbeginn könnte man meinen, die Straußwirtschaften würden nur so aus dem Boden schießen. Endlich kommen die weindurstigen Mainzer wieder auf Ihre Kosten. Da die Straußwirtschaften in der Regel zu einem regionalen Weingut gehören, kann man hier e Piffsche, en Halwe oder gleich en Schoppe zu mehr als bezahlbaren Preisen trinken. Eine gute Grundlage ist dabei meist auch nicht schlecht und die lässt sich auch gleich vor Ort schaffen, durch leckere Mainzer Spezialitäten wie Spundekäs mit Brezeln oder Wingertsknorze. Am besten

Hilfe Dialekt!? S. 198

endlich   Mainz   endlich   Mainz

endlich   endlich

//98 Es ist Sommer!

Grillen
Sonne
Baden
Eis
Kicken

kauft man vor dem Nachhauseweg noch ein paar Flaschen Wein zum Mitnehmen, dann hat es sich auch richtig gelohnt.

Als Weinstadt verfügt Mainz über eine schier unerschöpfliche Auswahl an Straußwirtschaften. Um es für den Anfang ein bisschen einfacher zu machen, hier ein paar Lokalitäten zum Warmwerden:

Weingut Möhn
(Pfarrer-Goedecker-Str. 13, Laubenheim)
www.weingut-moehn.de

Nauth's Weingut
(Neugasse 13, Ebersheim)
www.weingut-nauth.de

Weingut Wann
(Hauptstr. 53, Kostheim)
www.weingut-wann.de

Potsdamer Hof/Weingut Gauer
(Plattenhohl 1, Bodenheim)
www.weingut-gauer.de

Johannisstiftshof
(Gaustr. 19, Bodenheim)
www.johannisstiftshof.de

Spiel und Spaß

Klar, faul auf der Picknick-Decke, am Strand oder neben dem Grill rumzuhängen ist sicherlich ein sehr schönes Sommer-Programm. Manchmal brauchst Du aber vielleicht doch auch mal ein bisschen Bewegung, Spiel und Spaß, damit Dich die Trägheit nicht ganz übermannt. Zum Glück gibt es in Mainz auch viele sommerliche Aktivitäten, mit denen man sich die Zeit vertreiben kann.

(Beach-)Volleyball

Sonne, Strand und Meer ... naja, Fluss – was will man mehr? Das alles kannst Du am Mainzer **Rheinstrand** (Adenauer-Ufer) bekommen. Willst Du den Sommer mit allen Sinnen spüren, kannst Du Dich hier auch mal bei einer Partie Beachvolleyball so richtig im Sand wälzen. Denn was ist schöner, als abends noch Sandkörner in der Unterhose zu finden? Kleiner Tipp: Nimm ein paar Ersatzbälle mit, der reißende Fluss ist nahe ...

Die sichereren Varianten sind da auf jeden Fall die Volleyballfelder im **Volkspark**, allerdings ohne „Beach", denn der Untergrund besteht aus schlichtem Beton. Und sogar das Netz muss man selber mitbringen.

Wer gerne einfach mal irgendwo mitspielen möchte, ohne gleich eine ganze Mannschaft auf die Beine zu stellen, sollte mal auf dem **Sportgelände der Universität** vorbeischauen (Dalheimer Weg). Denn hier ist im Sommer rund ums Beachvolleyballfeld eigentlich immer was los und man kann sich oft einfach einklinken.

Kicken

In einer Fußballstadt wie Mainz versteht es sich von selbst, dass auf jedem freien Fleckchen zu jeder Tageszeit Fußball gespielt wird. Und bei dem großen Aufgebot an Freizeitkickern findet man immer irgendwo Mitspieler.

Die Klassiker des Outdoor-Fußballs sind natürlich der **Volkspark** (wie so oft) und **Hartenbergpark** (Jakob-Steffan-Str.). Auf den großen Wiesenflächen gibt's immer ein Plätzchen zum Kicken und Tore sind schnell aus Taschen, Kleiderhaufen oder sonstwas improvisiert. Hier muss man die Kugel allerdings zu den Stoßzeiten etwas vorsichtiger treten, denn in der Regel bevölkern viele grillende Familien den Park und die sind über einen Ball auf dem Teller sicherlich nicht erfreut.

Grillen
Sonne   Baden
Eis
Kicken

Inmitten der **Neustadt** lässt es sich auch herrlich kicken (Feldbergstr. 1). Hier darf man es allerdings auch nicht allzu wild treiben, den ringsum parkenden Autos zuliebe.

Besonders die Vororte bieten einige Möglichkeiten, sich fußballerisch auszutoben. In Hechtsheim wäre da zum Beispiel der **Bolzplatz in der Lion-Feuchtwanger-Straße**. Wer ein bisschen weiter aufs Land fahren möchte, sollte in Finthen auf der **Wasserwerkswiese** (Thüringer Str.) vorbeischauen. Und auch die **Bezirkssportanlage Bretzenheim** besitzt einen tollen Platz, hier polstert Kunstrasen die zarten Fußballerfüße.

Bunte Liga

Liebhaber des regelmäßigen Trainings in festen Teams mit gelegentlichen Turnieren sollten sich unbedingt auf der Homepage der Bunten Liga Rheinhessen umschauen. Hier kann man sich über die Teams informieren und sich schon mal Gedanken darüber machen, ob man lieber bei den „Bombeleeschern", den „Exilfritteusen" oder dem „Inferno Vollpfosten" mitspielen würde. Im Forum kann man dann Kontakte knüpfen und Teammitglied werden:

http://rheinhessen.die-bunte-liga.de

kicken im winter? s.S. 108

Basketball

Viele Menschen zielen mit dem Ball lieber auf einen Korb als auf ein großes Tor. Das nennt man dann Basketball und auch das gibt's natürlich in Mainz. Hierfür kommen – völlig überraschend – wieder die beiden Klassiker **Volkspark** und **Hartenbergpark** in Frage. Doch auch **neben dem Skatepark am Kaisertor** in der Innenstadt gibt es einen kleinen Platz zum Bälle werfen.

Klettern

Biomassekraftwerk Wicker

Ein Klettererlebnis der ganz anderen Art, denn die ganzjährig geöffnete Outdoor-Kletterwand befindet sich an einer Seite des Biomassekraftwerkes in Wicker (bei Flörsheim). Die Oberfläche der Wand ist einer richtigen Felswand nachempfunden, so dass man sich fast so fühlt wie in den Bergen. Deswegen hat 2004 wohl auch Reinhold Messner persönlich den Kletterfels eingeweiht.

Kletterwald Neroberg (Wiesbaden)

Weg vom klassischen Klettern, hin zum abenteuerlichen Hochseilgarten, denn genau der erwartet einen hier. Kreuz und quer hangelt man sich über verschiedene Schwierigkeitsstufen hoch in die Wipfel der Bäume. Und sogar für die ganz Kleinen ab 4 Jahren gibt es eigene Parcours. Am besten vorher im Internet den Besuch anmelden, dann vermeidet man nervige Wartezeiten. www.kletterwald-neroberg.de

Minigolf

Eine etwas gediegenere, aber dennoch sehr beliebte Art der Freizeitbeschäftigung bei warmen Temperaturen ist immer noch das Golfen im Kleinformat. Freudig wird der Schläger geschwungen und akribisch werden alle Punkte auf einem kleinen Zettel notiert. Natürlich gibt's das auch in Mainz.

Im unteren Teil des **Volksparks**, oberhalb des großen Spielplatzes, befindet sich ein kleiner Minigolfplatz. Dieser erfreut sich allgemein großer Beliebtheit, weshalb man leider immer auch Wartezeit mit einplanen sollte.

Wer es gemütlicher mag, sollte sich für den Minigolfplatz im **Hartenbergpark** entscheiden, denn der liegt kuschelig inmitten von Bäumen und sorgt deshalb auch gleichzeitig für eine Portion Entspannung.

Sonne **Grillen** **Baden** **Eis** **Kicken**

Rollschuh/Inlineskating

Ganz einfach die Rollen unter die Füße geschnallt und die Hüfte geschwungen – nichts leichter als das, direkt neben dem **Schwayer im Volkspark**. Hier gibt es eine ganz klassische Rollschuhbahn mit asphaltiertem Untergrund. Wie eine Eisbahn, nur ohne Eis eben.

Action-Freaks, die auf Halfpipes und Hindernisparcours abfahren, wären dort aber eher fehl am Platz. Gehörst Du dazu, solltest Du es mal mit der **Halfpipe am Kaisertor** in der Innenstadt probieren, denn hier tummeln sich alle, die mehr können, als bloß vorwärts fahren. Auch auf dem **Parkplatz des Mombacher Schwimmbads** (Obere Kreuzstr. 11) gibt es eine Halfpipe.

Und auf dem Gelände der **Bezirkssportanlage Hechtsheim** (Robert-Koch-Str.) findest Du ebenfalls einen kleinen Skatepark mit verschiedenen Stationen.

Wandern

Du willst es ganz puristisch? Einfach Du, ein paar Schuhe und los geht's? Scheust Du weite Anfahrtswege, schnür einfach Deine Wanderschuhe fest und starte direkt vor Deiner Haustür. Dann brauchst Du einfach nur dem **Rhein** zu folgen, auf seinem Weg aus der Stadt hinaus an Weisenau vorbei. Irgendwann erreichst Du dann die herrlichen Weinberge Rheinhessens, die besonders im Herbst und Frühjahr unheimlich schön sind.

Einen kurzen Anfahrtsweg musst Du einplanen, wenn Du in den **Weinbergen Rüdesheims** wandern möchtest. Brauchst Du ein Ziel vor Augen, solltest Du Dich zum Niederwalddenkmal auf der Spitze des wohl höchsten Weinberges Rüdesheims aufmachen. Von dort hat man einen atemberaubenden Blick aufs Mittelrheintal.

Wenn Du auch bereit bist, einen etwas längeren Anfahrtsweg auf Dich zu nehmen, empfiehlt sich der Pfälzer Wald. Hier kannst Du Tageswanderungen machen, oder auch Mehrtagestouren. Am besten Du kaufst Dir einen Wanderführer und suchst Dir die passende Route raus.

Fahrradfahren

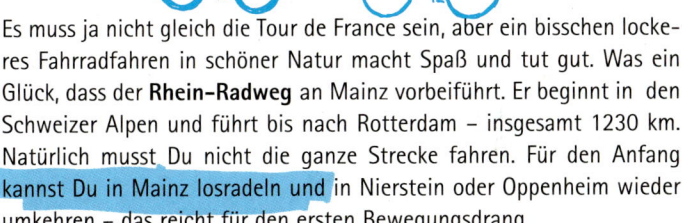

Es muss ja nicht gleich die Tour de France sein, aber ein bisschen lockeres Fahrradfahren in schöner Natur macht Spaß und tut gut. Was ein Glück, dass der **Rhein-Radweg** an Mainz vorbeiführt. Er beginnt in den Schweizer Alpen und führt bis nach Rotterdam – insgesamt 1230 km. Natürlich musst Du nicht die ganze Strecke fahren. Für den Anfang kannst Du in Mainz losradeln und in Nierstein oder Oppenheim wieder umkehren – das reicht für den ersten Bewegungsdrang.

Auf der anderen Rheinseite in Mainz-Kostheim gibt's das Gleiche in Grün, bloß dass hier nicht der Rhein- sondern der **Main-Radweg** entlangführt. Dieser lotst Dich an Frankfurt vorbei bis nach Aschaffenburg oder Würzburg.

Fahrrad leihen!

Besitzt Du kein eigenes Fahrrad, kannst Du natürlich auch kurzerhand eins leihen. Zum Beispiel beim **Fahrradverleih City Port**, direkt oberhalb des Hauptbahnhofs (gegenüber der Bushaltestelle „Hauptbahnhof West").

Registriert man sich beim **„Call a bike"-System der Deutschen Bahn**, kann man sich auch per Handy eines der vor Gleis 1 abgestellten Fahrräder borgen. Einfach die Nummer anrufen, die auf dem Rad steht, und auf geht's.

Lust auf mehr? Da hilft die Radwegekarte für Mainz und Umgebung, erhältlich im Buchhandel.

endlich **Mainz**   endlich   endlich **Mainz**

Schnee

S

Schnee

Schnee

Schnee

Schnee

Schnee
Schnee

Schnee

Schnee

Schnee

Schnee

Schnee

Schnee

Schnee

Frostige Zeiten

Winter!
Winter!
Winter!

kalt **brrr**
Eiskratzerei

Schnee

Schnee

nnee

Eiskratzerei

kalt

kalt **brrr**

Sauna

kalt

brrr

Schnee

endlich

Sauna

Sauna

kalt

brrr

br

brrr

nee

Schnee
kalt
Eiskratzen
Sauna
brrr

Nass, kalt und viel zu lang – so ist der Winter. Diese Meinung wird zumindest von der Mehrheit vertreten. Dass man es sich auch im Winter schön machen kann, wissen hingegen seine Liebhaber und schwärmen von gemütlichen Abenden und Wintersportaktivitäten. Egal, zu welcher Fraktion Du gehörst, für Meinungsverfechter beider Seiten gibt es in Mainz einiges, um Winterdepressionen vorzubeugen oder der Winterleidenschaft nachzugehen.

Draußen

Eislaufen

Winter bedeutet nicht unbedingt eine endlose Aneinanderreihung von Fernsehabenden. Auch nicht in der Fernsehstadt Mainz. Wer trotz eisiger Temperaturen an die frische Luft will, kann die alten Schlittschuhe aus dem Keller kramen und fleißig Pirouetten auf dem Eis üben.

Möglich ist das auf der **Mainzer Eisbahn** (Ernst-Ludwig-Platz), die pünktlich im November geöffnet wird und mit 800 m² Eisfläche, idyllisch gelegen zwischen Fachwerkhäusern und Tannen, zum Eislaufen einlädt. www.mainzer-eisbahn.de

Wenn das Wetter schlecht ist oder Du eislauftechnisch etwas ambitionierter bist und mehr als einfach nur gemütliche Runden drehen willst, dann gibt es natürlich auch noch die Eishalle am Bruchweg (Dr. Martin-Luther-King-Weg 19), die sich hinter dem Stadion verbirgt. www.eishalleambruchweg.de

Schlittenfahren

Ein Skigebiet hat Mainz zwar leider nicht zu bieten, aber für Schneeliebhaber gibt es immerhin die Möglichkeit, mit ihren Schlitten loszuziehen. Die naheliegendste ist dabei der Mainzer **Volkspark**. Lädt er im Sommer noch mit riesengroßen Wiesenflächen zum Picknicken und Badminton

spielen ein, verwandelt er sich im Winter zum Schlittentreff. Die Rodelstrecke ist nicht sonderlich lang und erzeugt nicht gerade übermäßig viel Adrenalin, aber dafür liegt sie direkt in der Stadt und ist bequem mit den Buslinien 60-63 erreichbar.

Ebenfalls direkt in Mainz bietet der **Elmerberg** in Finthen eine Rodelalternative. Die Abfahrt ist mittellang und hier herrscht meist kein allzu großer Trubel, so dass man seinem Schneevergnügen entspannt nachgehen kann.

Höhere Erwartungen werden hingegen nach einem etwas weiteren Anfahrtsweg auf dem Wiesbadener Berg **Platte** erfüllt. Hier gibt es steilere Hänge, eine längere Strecke und sogar einige Sprungschanzen, die für Action sorgen. Auch die winterliche Stimmung lässt nichts zu wünschen übrig mit Jagdschloss und urigem Wald im Hintergrund. Wenn so richtig viel Schnee liegt, fährt hier sogar der Wiesbadener Ski-Bus hin, vom Platz der Deutschen Einheit aus.

Drinnen

Wer auch ohne Schnee und Kälte im Winter sportlich aktiv sein will, findet in und um Mainz hierfür zahlreiche Möglichkeiten.

Klettern

In der **Blockwerk-Kletterhalle** (Hauptstr. 17-19) wartet ein wahres Kletterparadies in stylischer Atmosphäre auf seine Sportsfreunde. Die Kletterhalle bietet viele verschiedene Variationen und Schwierigkeitsgrade für alle Bouldern-Interessierten an. Jeden 1. und 3. Montag im Monat gibt es Einführungskurse (20 €). Bouldern bedeutet ungesichertes Klettern, hier ist Teamarbeit gefordert und der Mut, die eigenen Grenzen zu überwinden. Da vergisst man schnell die graue Wolkendecke außerhalb der Halle.
www.blockwerk.info

Schnee kalt
Eiskratzen Sauna
brrr

Die Kletteranlage im **Sport Treff Mainz** (Hans-Böckler-Str. 114-118) ist mit 110m² Kletterfläche die modernste und auch größte Anlage rund um Mainz. Wie man sich schon denken kann also nichts für blutige Anfänger. Großer Bonus: Sauna ist im Eintrittspreis inklusive, für die Entspannung danach.

Skaten und Mountainbiken

Wer lieber auf dem Boden bleiben, aber auf Geschwindigkeit und rasante Manöver nicht verzichten will, der kann sich beim Rollsportverein austoben. Direkt am Zollhafengelände besticht die **Halle 5** (Am Getreidespeicher 3, Achtung: Kein Straßenschild) mit ganzen 2000 m². Während die eine Hälfte davon den Skatern zur Verfügung steht, befindet sich im zweiten Teil ein Mountainbike-Parkour. Action ist hier also vorprogrammiert. Bei so vielen verlockenden Angeboten gibt es natürlich einen kleinen Haken: Die Halle steht leider nur Mitgliedern des Rollsportvereins zur Verfügung. Der Mitgliedsbeitrag beläuft sich auf 50 € pro Jahr, dann zahlt man allerdings keinen Eintritt mehr. Für Skatefans, die sowieso regelmäßig loslegen wollen, also eine super Sache. www.rollsportverein.de

Kicken und Badminton

Zu einer Rundumversorgung mit Indooraktivitäten gehört natürlich auch eine Soccerhalle für alle Fußballbegeisterten. Draußen mit bibbernden Zähnen und eisigem Wind macht es doch einfach nicht so viel Spaß. In der **Soccerworld Mainz** (Obere Kreuzstr. 30) findet man nicht nur ganze sechs Fußballplätze, sondern auch neun Badmintonplätze in einer schönen Umgebung mit großen Glasfassaden und einer zum Verweilen einladenden Sportsbar. Für einen Fußballplatz zahlt man je nach Uhrzeit zwischen 32-57 € die Stunde, Badminton kostet für 45 Minuten 10 € pro Platz, dazu gibt es bei Bedarf immerhin noch Schläger ohne zusätz-

liche Leihgebühr. Die Preise sind nicht ganz ohne, es lohnt sich aber, die Augen nach Rabatten, Angeboten und Sonderveranstaltungen offen zu halten. www.hallenfussball.de

Schwimmbad und Wellness

Bei so viel Action braucht man dann allerdings auch mal ein bisschen Ruhe und Erholung. Die Kombination von Winter und Entspannung schreit geradezu nach Schwimmbad, Wellness und natürlich Sauna.

Prädestiniert, alle erdenklichen Wünsche in dieser Richtung zu erfüllen, ist das **Taubertsbergbad** (Wallstr. 9). An der Kasse hat man die Wahl zwischen Erlebnisbad, Saunalandschaft und Sportbad. Zu – allerdings nicht ganz günstigen – Preisen hat man hier also viele Möglichkeiten, sich im und am Wasser zu entspannen oder sein Schwimmtraining zu absolvieren. Für Studenten und Azubis gibt es zumindest eine kleine Ermäßigung. Beliebt sind vor allem die Spezialangebote: Jeden Freitag hat die Mitternachtssauna bis 2.00 Uhr nachts geöffnet, täglich ab 3 Stunden vor Betriebsende kann man als Nachtschwärmer alle Bereiche zum Vorzugspreis nutzen und jeden Dienstag und Freitag ist Studententag; dann gibt es nicht nur vergünstigten Eintritt in alle Bereiche, sondern auch 15 % auf alle Massagen und Gastronomieangebote. www.taubertsbergbad.de

Schnee   kalt

Eiskratzen Sauna

brrr

Für Sparfüchse finden sich auch noch andere Möglichkeiten, ihre Strandfigur auch im Winter zur Schau zu stellen. Für alle Studenten gibt es direkt an der **Universität** die Möglichkeit, das hiesige **Hallenbad** (Saarstr. 21) zu nutzen, dazu gehört sogar eine Sauna. Die Öffnungszeiten sind für jedes Semester in den Sportprogrammen des Allgemeinen Hochschulsports ersichtlich. Zu beachten ist das begrenzte Platzangebot und die beschränkten Öffnungszeiten für die Allgemeinheit – es wird also voll.

Für alle Kasteler, die lieber auf ihrer Rheinseite bleiben möchten ist das **Hallenbad Mainz-Kastel** in der Waldhofstraße die erste Adresse. Auch hier gibt es eine Sauna.

Mehr Infos unter www.mainz.de
--> Sport --> Schwimmbäder

Wer einen etwas weiteren Anfahrtsweg in Kauf nimmt, kann auch in Budenheim oder Mainz-Mombach der Schwimm- oder Saunalust frönen. Zum **Waldschwimmbad Budenheim** (Römerstr. 70) bringt Dich die ORN-Linie 620 oder die Buslinie 64 ab dem Hauptbahnhof Mainz. Aussteigen musst Du nach ca. 20-30 Minuten an der Kirche in Budenheim, von da geht es noch ca. 10-15 Minuten zu Fuß weiter. Dafür liegt das Schwimmbad sehr schön mitten im Wald.

Zum Hallenbad Mombach **„Am großen Sand"** (Obere Kreuzstr. 11-13) kommst Du direkt mit der Linie 62 bis zur Oberen Kreuzstraße oder mit den Linien 60 und 63 zum Westring. Von dort sind es dann noch ca. 10 Minuten bis zum Schwimmbad.

Mehr Infos unter
www.schwimmbaeder-rund-um-ingelheim.

Für das richtige Saunaerlebnis ist so eine Schwimmbadsauna natürlich nicht das Passende. Da muss schon eine echte Saunalandschaft her, wie man sie außer im **Taubertsbergbad** noch zweimal rund um Mainz finden kann.

Im **Schwitzkasten** (Mainzer Str. 98, Budenheim) gibt es Saunakapazitä-
ten für bis zu 100 Personen und einen traumhaften Ausblick. Für eine
Tageskarte, die sich in dem weitläufigen Areal mit vielen unterschiedlichen Saunen wirklich lohnt, muss man 19 € zahlen.

Die **Sauna am Lenneberg** (Finther Landstr. 24) ist ganz auf Gesundheit
und Entspannung spezialisiert, ein umfangreiches Angebot an Massagen
vervollständigt das Wellness-Feeling. Der Eintritt in die Sauna ohne
Anwendungen kostet 13,50 € für Studenten nur 9,50 €
www.gesundheitssauna.de

Kulinarisches zum Magen wärmen

Nach so viel Sport und Schwitzen muss auf jeden Fall für das leibliche
Wohl gesorgt werden. Das geht im Winter ganz besonders gut.

Ein Besuch im **Von-Dü** (Gartenfeldstr. 9), das in seiner absolut umfas-
senden Speisekarte alle Variationen von Fondue anbietet, die man sich
so vorstellen kann, ist im Winter fast schon Pflicht. Eines ist leckerer als
das andere und es dürfte wirklich für jeden etwas dabei sein. Das
Restaurant ist klein und es kann schnell ein bisschen eng werden. Bei
größeren Gruppen ist es also empfehlenswert, vorher zu reservieren.

Wenn es dann auf Weihnachten zugeht, steht bei vielen Genussmen-
schen ein leckerer Gänsebraten ganz oben auf der Menü-Wunschliste.
Weil man Gans nicht überall und schon gar nicht überall in guter Qualität bekommt, haben wir einige Tipps zusammengetragen, damit beim
vorgezogenen Festbraten auch ja nichts schief geht.

endlich   **Mainz**   endlich
    endlich   Mainz

Schnee
kalt
Eiskratzen Sauna
brrr

Das Motto des **Gasthauses Specht** „Bei uns geht der Gast nur wohl gesättigt heim!" ist ja schon einmal vielversprechend. Aber das kann man wohl bei allen genannten Gänsebratenprofis erwarten. Preislich muss man für eine Gans auf dem Teller natürlich immer ein kleines bisschen tiefer in die Tasche greifen, aber so ein Festessen gibt es ja auch nicht jeden Tag. Hier kannst Du es Dir so richtig schmecken lassen:

Gasthaus Specht (Rotekopfgass
Weinhaus & Restaurant Hahnenh (Wallaustr. 18)
Gänsthaler's kuchlmasterei (Kurmainzstr. 35)
Restaurant Schwayer (Göttelmannstr. 40, im Volkspark)

Spieleabende

Spieleabende erfreuen sich im Winter außerordentlicher Beliebtheit. Dazu musst Du Dich aber nicht zwangsläufig zu Hause verkriechen, hier in Mainz wird auch gerne mal öffentlich gespielt.

Zwei besonders populäre Spieleabende sind die Quiz Night im **The Porter House** (Große Langgasse 4) und das Think n Drink im **Domsgickel** (Grebenstr.16). Bei beiden Veranstaltungen brauchst Du Köpfchen, ein möglichst breites Allgemeinwissen und ein gutes Team, ein bisschen Glück kann außerdem auch nicht schaden. Generell gilt: Die Konkurrenz ist hart und es gibt eingeschworene Gemeinschaften, die beinahe jede Woche um den Sieg kämpfen. Der lohnt sich nicht nur der Ehre wegen, die Sieger erhalten Verzehrgutscheine und können damit gleich die Siegesfeier auf Kosten des Hauses begehen. The Porter House lädt jeden Dienstag und Donnerstag zur Quiz Night ein, Beginn ist 20.30 Uhr. Wer einen Platz will, sollte früh da sein! Beim Think n Drink wird in Fünfergruppen gespielt und man muss ganze zehn Runden erfolgreich durchhalten, um den Sieg zu erringen. Die Termine findest Du auf der Webseite, unbedingt anmelden! www.think-and-drink.de

www.theporterho

Weihnachtsmarkt

Alle Jahre wieder … Das Highlight des Winters ist – wie könnte es auch anders sein – der **Mainzer Weihnachtsmarkt**. Vom Liebfrauenplatz über den Marktplatz bis zum Höfchen zieht sich die Hüttenreihe, eine bunte Mischung aus Kunsthandwerk, Weihnachtskrimskrams, allerlei Imbissbuden und typisch weihnachtlichem Naschwerk. Der Markt schlängelt sich hübsch durch die Mainzer Gassen und sein Zentrum auf dem Marktplatz ist mit einem schönen Lichterkettenhimmel geschmückt. Dazu noch der Geruch nach gebrannten Mandeln und ein leckerer Glühwein, schon kann man sich der anbahnenden Weihnachtsstimmung nicht mehr entziehen. Der Dom im Hintergrund unterstreicht die traditionelle Weihnachtsromantik des Budenzaubers. Da vergeht einem doch glatt für einen Moment die Lust, gegen den ganzen Kommerz zu wettern. Aus Rücksicht auf die Anwohner hat der Markt abends leider nur bis 20.30 Uhr geöffnet, freitags und samstags immerhin bis 21.00 Uhr. Spätestens dann muss man weiterziehen und sich woanders ein lauschiges Plätzchen suchen.

www.weihnachtsmarkt-mainz.com

Die Weihnachtsmärkte in Frankfurt und Wiesbaden liegen so nah, dass man als richtiger Adventsliebhaber wirklich genügend Gelegenheiten zum Weihnachtsmarktschwelgen hat. Ein besonders schöner Tipp ist außerdem der **Weihnachtsmarkt in Ingelheim**, nur wenige Bahnminuten von Mainz entfernt. Der Ingelheimer Markt ist kleiner als der Mainzer, liegt aber wunderschön direkt an der Burgkirche und verströmt eine heimelige Atmosphäre.

www.weihnachtsmarkt-an-der-burgkirche.de

Mainz endlich
endlich **endlich** Mainz

Musik Musik

Mus

abhorsten

DJan

abhorsten

abhorsten

Feiern

Feiern

Feiern

Musik

Club

Club

DJane Musik

Musik

Flirt-Faktor

Club

Musik

Flirt-Faktor

Flirt-Faktor Musik

Musik abhorsten

Flirt-Faktor

Club

Musik

Musik   DJane
Club **Flirt-Faktor**
abhorsten

Bestandene Prüfung, Semesterbeginn oder einfach gute Laune – Gründe zum Feiern gibt es genügend. Und natürlich fehlt es auch in Mainz nicht an Gelegenheiten. Ob Du mit Deinen Freunden um die Häuser ziehen oder mal richtig die Tanzfläche rocken willst, liegt ganz bei Dir. Die Clublandschaft in Mainz ist klein, aber fein und durch die hohe Studentenzahl in der Stadt ist eigentlich meistens irgendwo was los. Wer seinen Neustart in der Stadt also feuchtfröhlich gestalten möchte, kann sich frohgemut durch die Auswahl an Clubs feiern und wird schnell seine Lieblinge finden. Neben dem Wochenende ist Mittwoch DER Partyabend in der Stadt, hier muss man nur selten Eintritt zahlen und kann so auch des Öfteren mal die Location wechseln.

Clubs und Co.

Der wohl überregional bekannteste Club in Mainz ist das **50Grad** (Mittlere Bleiche 40). Hier legen zuweilen international erfolgreiche DJs auf und ziehen die feierwütigen House- und Electroliebhaber an, die nicht nur aus Mainz und Wiesbaden kommen, um hier abzutanzen. Es lohnt sich, früh da zu sein, die erste halbe Stunde ist der Eintritt oft frei – es empfiehlt sich das vorher auf der Homepage zu checken. www.50grad.de

Eine ganz andere Zielgruppe spricht das **Alexander The Great** (Hintere Bleiche 8) an. Hier sind die Fans von Metal und Hardrock zu Hause. Natürlich dürfen Billard, Kicker und Dart nicht fehlen. www.alexander-the-great-mz.de

Das **Caveau** (Schillerstr. 11) zielt eher auf ein alternatives Publikum, hier gibt es Indie und Rock auf die Ohren. Hin und wieder Live-Auftritte, ein Blick in das Programm lohnt also. www.caveau.de

Während es tagsüber den Kinobesuchern als Lounge zur Verfügung steht, ist das **Comodo** (Holzhofstr. 1 – im Cinestar) abends eine hippe Partylocation. Im SpaceAge-Look der 70er Jahre kannst Du entspannt Cocktails schlürfen und auf der zweiten Etage auf der Tanzfläche ausgelassen zum Sound der Haus-DJs tanzen.
www.comodo-mainz.de

Die **Dorett Bar** (Zanggasse 36) ist die neue Location des legendären Bier-Barons – und das Ganze in einer ehemaligen Rotlichtbar in unverwechselbarem Look. Hier gibt es alles querbeet, von Techno bis Rockabilly.
www.dorett-mainz.de

Die alte Lokhalle ist eine prädestinierte Partylocation, die der **Imperial Dance Club** (Mombacher Str. 78-80) für seine Partyreihen nutzt. Neben dem der Frauenwelt gewidmeten Abend, Lady Deluxe, gibt es zum Beispiel bei Red! gewagte Erotikperformances.
www.imperial-mainz.de

Die Buslinie 99, auch Disko-Bus genannt, bringt Dich vom Mainzer Hauptbahnhof direkt nach Mainz-Kastel zum **Euro Palace** (Peter-Sander-Str. 39) Achtung, Wiesbaden! Hier gibt es alles, was man sich von einem prolligen und riesigen Hip-Hop-Schuppen wünschen kann; Schaumpartys, Party-Boot, verschiedene Floors und spannende Themenbars.
www.europalace.de

Das **Kuz** (Dagobertstr. 20b) bietet nicht nur Kultur, sondern ist auch eine beliebte Partylocation. Im roten Backsteinhaus sind besonders die Ü30-Partys, die regelmäßig freitags stattfinden, gut besucht. Das Ü30 kannst Du dabei schlichtweg ignorieren. Auch Les-Bi-Schwule Events lassen sich gelegentlich im Programm finden, ebenso wie das regelmäßig stattfindende Dark Awakening.
www.kuz.de

Die **Nachtschicht** (Rheinstr. 51-53) liegt im Herzen der Altstadt und ist vor allem mal eine Cocktailbar. In regelmäßigen Abständen finden hier aber auch Partys und Live-Events statt.
www.nachtschicht-mainz.de

 Wenn Du auf Soul und RnB stehst, lohnt es sich, nach Mombach zu fahren. Mia Entertainment präsentiert hier in **Mias Club** (Industriestr. 10) ein breitgefächertes Programm für Soulfans.
www.miaentertainment.de

In der roten Katze (**Red Cat Club** , Emmerich-Joseph-Str. 13) tanzt man auf kleiner Fläche in stylischer Atmosphäre. Jeden zweiten Dienstag im Monat gibt es Live-Musik, ansonsten bietet das Programm verschiedenes von Hip-Hop bis House, alle Musikrichtungen werden hier mainstreamtauglich aufgelegt.
www.redcat-club.de

Das **Roxy** (Holzhofstr. 7) beschreibt sich selbst als 25plus-Club, was aber einen Eintritt für Jüngere nicht grundsätzlich ausschließt. Ein bisschen aufstylen für den Partyabend sollte allerdings schon drin sein. Höhepunkt ist immer der monatliche Besuch der King Kamehameha Club Band, die Termine werden durch Plakatwerbung und auf der Website bekannt gegeben.
www.myroxy.de

NOTIZEN

Mal was anderes?

Wenn Du genug von Mainz hast und einfach mal raus möchtest, kannst Du in knapp 40 Minuten nach Frankfurt düsen, wo die zugegebenermaßen viel größere Clubauswahl einer RICHTIGEN Großstadt zur Verfügung steht. Zu beachten ist nur, dass Du genügend Partylaune für die ganze Nacht mitnimmst, denn die ersten S-Bahnen Richtung Mainz fahren erst wieder ab 4 Uhr. Beim Frankfurter Nachtleben sollte das aber nun wirklich kein Problem sein.

Das **Royal** (Rheinallee 175) glänzt mit kühlem und puristischem Design. Dazu passend wird vor allem elektronische Musik dargeboten.
www.royal-mainz.de

Das **Schon Schön** (Große Bleiche 60) wurde gerade erst von einem der Betreiber der Bar Schick & Schön eröffnet und der Laden läuft blendend. Täglich hat der Kulturclub andere Leckerbissen im Programm, von Lesungen, über den montäglichen Jazzabend bis hin zu den musikalisch abwechslungsreichen Partys am Wochenende. Das Publikum ist alternativ und entspannt. Von Zeit zu Zeit ist sogar der Eintritt am Wochenende frei.
www.schon-schoen.de

Der **Star Club** (Holzhofstr. 1) ist ein bisschen Schickimicki, aber auch nicht wirklich elitär. Berühmt-berüchtigt ist die regelmäßig stattfindende Porn-Party. Freunde von Freunden haben gehört, hier solle es heiß hergehen ...
www.starmainz.de

endlich **Mainz** endlich endlich Mainz

Ein weiterer Partygarant in der Stadt Mainz ist das **PENG** (Rheinallee 79-81), die Gesellschaft zur Förderung von Design, Kunst und Kommunikation. Hier tut sich einiges, es gibt massenhaft Kultur und tolle Events: Zu jeder Ausstellung gibt es eine Vernissage, zu jeder Band eine CD-Release-Party usw. Auf jeden Fall ausreichend Gelegenheiten für PENG-Partys.
www.pengland.de

Party auf dem Campus

Achtung: ohne Studentenausweis geht hier meist nix!

Neben den Clubs gibt es in Mainz natürlich dank der zahlreichen Studenten auch Unmengen von Partyaktivitäten auf dem Unigelände. Jede Fachschaft schmeißt mindestens eine Party pro Semester, die in der Regel durch Flyer und Aushänge an der Uni beworben wird. Während es bei kleineren Fachschaften meistens auf einen netten Grillabend hinausläuft, kann es bei den größeren auch mal exzessiver werden. Dafür werden dann die diversen partytauglichen Locations auf dem Campus genutzt:

Ein leicht abgeschrabbeltes, buntgemischtes Flair und günstige Getränkepreise – das ist das **Q-Kaff** (Kulturcafé, Becherweg 5). Gerne genutzt für diverse Events, hat aber auch ein eigenes vielfältiges Veranstaltungsprogramm.
www.kulturcafe-mainz.de

Direkt daneben findet man den **Baron** (Becherweg 3). Hier gibt es neben leckerem Essen auch regelmäßig Live-Bands und auch für die Campus-Partys öffnet er seine Türen.
www.baron-mainz.de

Die **Muschel** (Becherweg 23), eigentlich ein Vortragssaal der Universität, wird hin und wieder zur Tanzfläche umfunktioniert. Hier kommt man richtig ins Schwitzen, eine abtanztaugliche Klimaanlage ist nämlich nicht vorhanden.

Im **Studihaus** (Staudingerweg 21) hat der Asta seinen Sitz und auch noch einige andere universitäre Einrichtungen. Ab und an darf hier aber auch gefeiert werden. Leicht versteckt, direkt neben der Mensa liegt der Eingang. Auch hier finden viele Fachschaftspartys statt.

Die **Semestereröffnungsparty** findet jedes Semester innerhalb der ersten zwei Semesterwochen statt. Die SÖF nutzt alle zur Verfügung stehenden Campuslocations und bietet somit viel Abwechslung. Karten gibt es im Vorverkauf, aber auch an der Abendkasse war trotz Panikmache bisher immer noch was zu holen.

Wenn Du auf Newcomer-Mucke stehst oder selber Ambitionen hast, die Bühne zu stürmen, dann ist der **Asta-Bandwettbewerb** genau das richtige für Dich. Notwendig ist ein Bühnenprogramm von mindestens 45 Minuten. Die Gewinner spielen beim Asta-Sommerfest. Womit wir schon beim Thema wären:

Das **Asta-Sommerfest** ist DIE Campusparty des Jahres. Der Eintritt ist frei und das Programm beeindruckend umfangreich. Hier wird viel geboten – Straßenkünstler, Kurzfilmvorführungen, Hingucker-Bands auf der Hauptbühne und viele, viele Tanzflächen.
www.asta-sommerfest.de

Selber feiern?

Das ein oder andere Mal wirst Du sicherlich auch selber eine Party schmeißen und all Deine Freunde einladen. Sollten die mal durstiger sein als gedacht, dann brauchst Du dringend Nachschub an Getränken. In diesem Fall kannst Du Dich in Mainz jederzeit vertrauensvoll an den **Bierbaron** wenden. Der lässt Euch Dienstag bis Donnerstag von 20.00 Uhr bis 2.00 Uhr und Freitag und Samstag von 20.00 Uhr bis 4.00 Uhr nicht auf dem Trockenen sitzen. Neben Bier gibt es auch diverse andere Alkoholika, Softdrinks, ne Tüte Gummibärchen und bei Bedarf auch mal Zigaretten und Kondome. www.bierbaron-mainz.de

endlich Mainz endlich endlich Mainz

Nächtlicher Heißhunger

Wer kennt es nicht: Feiern macht hungrig. Die
beste Anlaufstelle für einen Mitternachtsimbiss
ist der **Hauptbahnhof**. Während man hier Döner und
Currywurst die ganze Nacht hindurch bekommt, öffnen
früh morgens bereits schon wieder die ersten Bäckereien ihre Türen. Da
braucht man nur noch das letzte Kleingeld zusammenzukratzen und
schon kann man den Alkoholpegel mit einem Snack absenken und einem
gehörigen Kater vorbeugen.

Direkt auf dem Bahnhofsvorplatz wäre da zum Beispiel der **Brezelbäcker
Ditsch**. Samstags ab 4 Uhr und Sonntags ab 5 Uhr morgens kann man
sich hier mit allerlei Backwaren versorgen. Ab 5 Uhr hat täglich auch der
Bäckerstand vom **Bäcker Heberer** Leckeres zu bieten.
www.ihr-einkaufsbahnhof.de

Der Heimweg

Mainz ist überschaubar, meistens kann man von jeder Party gemütlich nach Hause laufen. Solltest Du aber nicht mehr fähig sein, einen Fuß vor den anderen zu setzen oder doch etwas weiter außerhalb wohnen, gibt es zum Glück noch andere Möglichkeiten, sicher nach Hause zu kommen.

Mit den **Nachtbussen** der Buslinien 90, 91 und 92 kommst Du auch nach 12 noch bis ca. 4 Uhr am nächsten Morgen nach Hause. Dann herrscht Sternverkehr, das bedeutet, die Busse warten auf ihren Anschluss, Du hast also nichts zu befürchten, wenn der Bus mal später kommt.

Von A nach B, S. 48

Willst Du es lieber etwas komfortabler, gibt es gleich mehrere freundliche **Taxiunternehmen**, die Dich nach Hause kutschieren.

Wenn Dein Handyakku streikt oder Dein Guthaben für den Monat verbraucht ist, kannst Du jederzeit am Mainzer Hauptbahnhof Dein Glück versuchen. Hier stehen die Chancen auch mitten in der Nach noch gut, ein Taxi zu erwischen.

Taxi Team Mainz
06131 / 610 99 44
www.taxi-team-mainz.de

Taxi 4 You
06131 / 732 56 56
www.taxi4you-mainz.de

Taxi Mainz
06131 / 910 910
www.taxi-mainz.de

Nach durchzechter Nacht Frühstück ans Bett bekommen oder gleich brunchen gehen? ->s. S. 126

Mainz

endlich

endlich

endlich

Mainz

Kirche

Kirche

Kirche

aus

geschlossen

aus

brunchen

Kühlschrank leer

Kühlschrank leer

brunchen

Sonntage
Sonntage
Sonntage

Kühlschrank leer

ossen

Kirche

brunchen

brunchen

geschlossen

geschlossen

Kühlschrank leer Kühlschrank leer

Kirche

Kühlschrank leer

Kirche flanieren
brunchen Ausflüge
geschlossen

Die ersten Sonnenstrahlen wecken Dich langsam auf, Du schaust auf den Wecker und ein Lächeln breitet sich auf Deinem Gesicht aus. Sonntag. Ruhetag. Schön. Der Sonntag ist der gemütlichste Tag der Woche. Man kann schlafen bis in die Puppen, gemütlich zu Hause frühstücken oder sich ganz dekadent in einem Café bedienen lassen, anschließend einen Spaziergang machen, leckeren Kuchen futtern oder einfach auch gar nichts tun.

Notfalleinkauf

Sonntagsfrühstück ist ja schön und gut, aber dazu muss auch der Kühlschrank voll sein. Wenn Du in Mainz wohnst und vergessen hast, für den Sonntag einzukaufen, bleibt Dir leider keine große Auswahl an Einkaufsmöglichkeiten. Der einzige Supermarkt, der am Sonntag von 08.00 bis 22.00 Uhr geöffnet hat, ist die Ihr-Platz-Filiale (Bahnhofsplatz 13) im Gebäude des Mainzer Hauptbahnhofs. Dort findest Du aber dafür fast alles, was das Herz begehrt, nur etwas teurer als normalerweise. Als Alternative bleiben Dir ansonsten natürlich diverse Tankstellen und Kioske (besonders in der Neustadt).

Sonntagsbrunch

Wenn Du sonntags keine Lust hast, Dich selbst um Dein Frühstück zu kümmern und Dich so richtig verwöhnen lassen willst, dann findest Du in Mainz eine große Auswahl an verschiedenen Brunch-Angeboten.

Im **Citrus Californian Bar & Restaurant** (Rheinstr. 2) kannst du von 10.00 bis 14.00 Uhr für 16,50 €nach Herzenslust essen, soviel Du möchtest (Lachs, Salatbar, warme Speisen und Waffeln inklusive) und bekommst ein Heißgetränk dazu. Für 17,50 €ist auch ein Glas Prosecco dabei.

www.citrus-mainz.de

Im **Proviant Magazin** (Schillerstr. 11a) auf halber Strecke vom Münster- zum Schillerplatz kannst Du zwischen 11.00 und 15.00 Uhr den „Provi"-Brunch genießen. Das wohl dekadenteste Frühstück reicht von Vorspeisen, Salaten, traditionellen Frühstücksleckereien über eine saisonale Überraschung vom Grill bis hin zu zwei Hauptgerichten. Den krönenden Abschluss bietet eine feine Auswahl an Desserts. Kostenpunkt: 24 € inklusive Getränke wie Kaffee, Tee, Milch, O-Saft, Multi-Saft und Winzersekt. Wenn Du hier frühstücken möchtest, solltest Du am besten vorher reservieren. www.proviant-magazin.de

Abwechslung zum „normalen" Brunch bietet jeden dritten Sonntag im Monat (außer in der Sommerpause) **Nelly's Frühstückslust** (Josefstr. 5a) in der Neustadt. „Frühstückslust trifft Jazzlust" heißt die musikalische Begleitung zum regulären Frühstück, welches ab 3,10 € angeboten wird. Das Highlight hier sind die selbstgemachten Marmeladen. Unbedingt probieren! www.nellys-mainz.de

Auch die **7° Café Bar Lounge** (Am Zollhafen 3-5) bietet in regelmäßigen Abständen einen Brunch mit Live-Musik (meist Jazz & Klassik) an. Hier solltest Du auch unbedingt reservieren, denn der Andrang ist groß und die Sitzplätze sind sehr begrenzt. www.7-grad.de

endlich Mainz endlich
endlich Mainz

Das **Lomo Café** am schönen Ballplatz bietet für knappe 10 € einen Mix aus warmen und kalten Speisen, Getränke gehen jedoch extra.
www.lomo-mainz.com

Gleich zweimal in Mainz findest Du das **Café Extrablatt** (Am Markt 7, Ludwigstr. 1). Für 8,95 € bzw. 9,45 € wird Dir hier ein reichhaltiges Büffet (9.00 bzw. 9.30 bis 14.00 Uhr) angeboten, inklusive O-Saft und Milch. Kaffee geht extra.
www.cafe-extrablatt.com

Live-Kochen, Gemüsesäfte, Pancakes und vieles mehr gibt es für 27 € im **Hyatt Bellpepper** (Malakoff-Terrasse 1) jeden Samstag und Sonntag (außer in der Sommerzeit). Dieser Brunch ist etwas für Frühaufsteher (6.30-11.00 Uhr) und Feinschmecker.
www.bellpepper.de

Ein bisschen versteckt in der Neustadt liegt der schöne **Gast Hof Grün** (Leibnizstr. 27). Sonntags kann man hier ab 9.30 Uhr für 12,90 € „gesund" brunchen. Es gibt Eier von glücklichen Hühnern und das Highlight: selbstgebackenes Walnussbrot. Das Besondere an der Philosophie des Gasthofes ist, dass hier psychisch-beeinträchtigten Menschen ein Arbeitsplatz gegeben wird. Ab und an muss man als Gast ein wenig mehr Geduld mitbringen, was jedoch angesichts der Freundlichkeit der Servicekräfte kein Problem sein sollte.
www.gasthofgruen.de

Am Sonntag in die Kirche

In Mainz leben Menschen der unterschiedlichsten Glaubensrichtungen. Für manche von ihnen ist Sonntag immernoch Kirchentag und der Besuch des Gottesdienstes ein fester Bestandteil.
In den zahlreichen Kirchen der Stadt gibt es sowohl Gottesdienste für Frühaufsteher als auch Gottesdienste am späten Vormittag. Im **Mainzer Dom** kann man bereits in aller Herrgottsfrühe (7.00 Uhr) an der Heiligen

Messe teilnehmen. Wem das allerdings zu früh ist, oder wer vorher noch gemütlich frühstücken will, kann auch den „späten" Gottesdienst um 11.30 Uhr besuchen. Wer nicht dem katholischen, sondern dem evangelischen Glauben angehört, kann in der imposanten **Christuskirche** um 8.30 Uhr oder um 10.00 Uhr am Gottesdienst teilnehmen.

Mainzer Dom
Markt 8-10
www.mainz-dom.de

Christuskirche
Kaiserstraße 56
www.christuskirche-mainz.de

Natürlich gibt es noch eine ganze Reihe von anderen Gotteshäusern und Glaubensgemeinschaften.
Mehr Infos unter www.mainz.de
--> Soziales, Gesundheit
--> Kirchen, Gemeinden

Kaffee und Kuchen

Wer hat sie nicht, die Oma, die Sonntagnachmittags gerne mal zu Kaffee und Kuchen einlädt. Doch was tun, wenn sie nicht mehr in der gleichen Stadt oder in der unmittelbaren Umgebung wohnt? Man muss eine Alternative finden und da lässt Mainz einen zum Glück nicht im Stich.

Zusammengewürfelte Möbel, Biogetränke und selbstgebackene Kuchen. Das alles bekommst Du am Gartenfeldplatz im **Annabatterie**. Die leckeren Getränke und Speisen bestellst Du Dir selbst am Tresen. Leider gibt's noch keine Homepage, aber bei Interesse einfach mal auf Facebook unter Annabatterie nachschauen, um einen ersten Eindruck zu bekommen, oder noch besser: einfach vorbeigehen.

endlich Mainz endlich endlich Mainz

Im Mainzer Vorort Gonsenheim ist das **Noldas Café** (Breite Str. 13) zu finden. Neben Eis und Pralinen gibt es Torten en masse und das alles aus eigener Herstellung. Hier findest Du, was Dein Herz begehrt. Bei schönem Wetter kann man auf der überdachten Terrasse sitzen, ansonsten sollte man zu Stoßzeiten auf jeden Fall reservieren.
www.noldascafe.de

Die größte Tradition in Mainz hat das **Dom Café** (Domstr. 13) in der Nähe des Marktplatzes. Seit 200 Jahren werden hier Torten und Pralinen aus eigener Herstellung in gemütlichem Ambiente angeboten. Der Geheimtipp, vor allem wenn die Verwandtschaft zu Besuch ist.
www.domcafe-mainz.de

Direkt am Bahnhof liegt das niedliche **Café Zucker** (Bahnhofstr. 10). Zwischen 10.00 und 18.00 Uhr werden hier neben Hochzeits- und Festtagstorten, auch Pralinen und „normale" Torten aus eigener Herstellung angeboten. Das Café Zucker ist immer einen Besuch wert.
www.cafezucker.de

Mittlerweile auch zweimal in der Stadt zu finden ist das **Eiscafé Florenz** (Adolf-Kolping-Str. 2 und Hopfengarten 6), das neben Eis auch viele verschiedene Torten und Kuchen anbietet. Sogar für Diabetiker ist gesorgt. Wer keine Lust auf Eis oder Kuchen hat, kann neben Waffeln und Crêpes auch herzhafte Snacks auswählen.
www.eiscafeflorenz.de

Alles, was man sich nur wünschen kann, findest Du im edlen Ambiente des **Café Blum** (Kötherhofstr. 1). Neben dem Bio- und Diabetikersortiment gibt es Torten und Kuchen aller Art. Zusätzlich lädt das elegante und gemütliche Ambiente zum Verweilen ein.
www.cafe-blum.de

Sonntagsspaziergang

Um nach einem dekadenten Start in den Tag das Völlegefühl wieder los-
zuwerden, bietet sich bei schönem Wetter ein Spaziergang am Rhein an.

Wer viel Zeit hat, sollte sich auf die sogenannte **3-Brücken-Tour** begeben. Der Startpunkt befindet sich am Rathaus (natürlich kann man aber
auch woanders starten). Von dort geht man am schönen Rheinufer entlang in Richtung Winterhafen. In der Mitte der Weisenauerstraße zweigt
die Eisenbahnbrücke über den Rhein in Richtung Gustavsburg ab. Man
überquert sie und erreicht die hessische Rheinseite, wo der Main in den
Rhein fließt. Der Weg führt am Mainufer entlang bis zur Darmstädter
Landstraße, die den Main überquert. Hier kann man entweder direkt am
Mainufer entlang bis zur Einmündung in den Rhein spazieren, über die
Maaraue bis zum Kasteler Rheinstrand, oder aber man entscheidet sich
für die andere Seite des Floßhafens.

Wer dort eine Pause einlegen möchte, macht das am besten im Biergarten. Für eine Abkühlung sorgen
kalte Getränke und wer's nass mag,
kann auch seine Füße im Rhein
abkühlen. Zurück auf die andere
Rheinseite gelangt man über die
Theodor-Heuss-Brücke.

Wer keinen ganz so langen Fußmarsch beabsichtigt, fährt am besten mit
den Buslinien 60/61/64/65 bis zur Haltestelle Stadtpark/DB Schenker
oder mit den Buslinien 62 und 63 bis **Volkspark** oder Rosengarten und
macht einen Spaziergang durch den größten Mainzer Park. Angrenzend
an das Favorite Parkhotel steht das Pflanzenhaus mit viel tropischer und
subtropischer Vegetation. Von dort wiederum ist es nur noch ein Katzensprung zum Vogel- und Papageienhaus. Wer sich die Pflanzen und

Kirche   flanieren

brunchen   Ausflüge

geschlossen

Wer es gerne doch ein bisschen sportlicher hat, kann im Volkspark auch Minigolf spielen oder sich auf der Rollschuhbahn verausgaben.
(s. "Sommer", S. 98)

Vögel anschauen will, muss keinen Eintritt zahlen. Im Favorite Parkhotel selbst gibt es Aquarien zur Besichtigung, außerdem ein Palmenhaus, in dem auch Leguane und Echsen zu finden sind.

Wem der Weg in den Frankfurter Zoo zu weit ist, wer aber auf Tiere trotzdem nicht verzichten will, kann stattdessen mit der Buslinie 62 in den **Gonsenheimer Wildpark** fahren (Endhaltestelle Wildpark). Der Park kostet keinen Eintritt und hat trotzdem einiges zu bieten. Neben Rot- und Damhirschen, Wild- und Hängebauchschweinen sind auch Wildkatzen und Waschbären zu bestaunen. Und natürlich dürfen die typischen Automaten nicht fehlen, mit deren Inhalt man die Tiere füttern und gleichzeitig in Kindheitserinnerungen schwelgen kann.

www.mainz.de

--> Grünes Mainz --> Zoo

Zum Flanieren lädt selbstverständlich jederzeit die hübsche Mainzer Altstadt ein. Die prächtigen Fachwerkhäuser in der Augustinerstraße und im Kirchgarten verbreiten richtig schön-charmantes Altstadtflair – sonntags ganz ohne Einkaufsdruck.

Mit dem Boot

Wer sich lieber passiv fortbewegen möchte oder wen einfach nur die
wunderschöne Burgenlandschaft am Rhein lockt, der macht am besten
eine **Rheinschifffahrt**. Hier gibt es verschiedene Anbieter, die alle unge-
fähr die gleichen Strecken entlang fahren. Sowohl die Burgenfahrt als
auch die romantische Loreleyfahrt starten entweder in Bingen oder in
Rüdesheim. Von Mainz fährt man am besten mit der Regionalbahn nach
Bingen (dauert ca. 20-30 min) und geht dort an Bord. Die Burgenfahrt
dauert von Bingen aus ca. drei Stunden, wenn man beide Strecken mit
der Fähre fährt und ist etwas günstiger als die Loreleyfahrt. Diese dauert aber mit insgesamt vier Stunden auch etwas länger. Beide Fahrten
sind sehr lohnenswert und man wird mit Geschichte überhäuft. Wen das
nicht die Bohne interessiert, dem bleibt immer noch die landschaftliche
Idylle. Das ist die reinste Erholung vom Alltagsstress.
www.bingen-ruedesheimer.com

Tatort-Abend

Ein absolutes Muss ist der wöchentliche Tatort-Abend im **Haddocks**
(Frauenlobstr. 29a). In der gemütlichen Kneipe – die sich auch selbst das
Wohnzimmer der Neustadt nennt – wird jeden Sonntagabend der aktu-
elle Tatort auf einer Leinwand gezeigt. Dazu gibt es eine ausgewählte
Speisekarte mit fünf beliebten Standardgerichten und einer wechseln-
den Tagesleckerei. Wer hier einen Platz bekommen möchte, sollte zeitig
da sein, besonders wenn man mit einer größeren Gruppe kommt. Das
Haddocks ist sehr beliebt und wenn Du Pech hast, bist Du um 19.00 Uhr
schon zu spät dran.
www.haddocks-mainz.de

endlich   Mainz   endlich   endlich   Mainz

Eltern

Touris

Sightseeing
Touris

Touris

Sights

aufräumen

auf

aufräumen
aufräumen
aufräumen

Sig

Besuch
Besuch

Besuch?
Tourikram

Tourikram ...
Besuch

Tourikram ...

eing
htseeing
Eltern
Eltern
Eltern
lich
ris
tseeing

endlich

sightseeing

Touris   **Besuch**   Sightseeing
                      Eltern
              aufräumen

„Na Kind, was gibt's denn so zu sehen hier in Mainz?" – Das fragst Du
Dich vielleicht selber, spätestens wenn Deine Eltern oder sonst ein kul-
tur- und geschichtsinteressierter Besucher vor der Tür steht und Deinen
(neuen) Wohnort kennenlernen will.

Du bist eventuell erst einmal etwas überfordert. Jetzt auch noch den
Touristen-Führer machen, dabei wohnst Du doch nur hier. Aber Hilfe ist
nicht weit! Wir haben für Dich alles gesammelt, was das Touri-Herz
begehrt und präsentieren Dir hier die ultimative Mainz-Touri-Tour.
Bevor es jedoch richtig losgeht, besorg Dir einen Stadtplan. Wir wollen
ja nicht, dass Du und Deine Besucher verloren gehen. Den gibt's für ein
paar Cent an jeder Ecke und natürlich bei der Tourist-Info am Rathaus.

Was hat die Stadt also eigentlich zu bieten außer Fußball, Fassenacht
und dem ZDF? Beginnen wir gleich mittendrin. Praktischerweise ist da
der Dom und außerdem der Knotenpunkt vieler Buslinien – das Höfchen.
Hier gibt es keinen Bürgersteig, also Augen auf und den Bussen auswei-
chen!

Das eigentliche **Höfchen**, der Platz mit
dem swimmingpoolartigen Brunnen, ist
im Sommer schön zum Sitzen in der
Sonne, im Herbst wird Federweißer
(neuer Wein) ausgeschenkt und im
Winter geht es von hier direkt auf den
Weihnachtsmarkt. Dein Besuch wird
beeindruckt sein. Wow, ist das eine
lebendige Stadt!

Wenn Ihr den Kopf in den Nacken legt, seht Ihr auch schon, wie der **Dom**
gewaltig und rötlich in den Himmel ragt. Er ist das Wahrzeichen der
Bischofsstadt Mainz.

Ihr lasst ihn aber erst einmal gedanklich links, für Eure Tour aber rechts,
liegen, überquert das Höfchen und gelangt auf den beschaulichen

kaffee gefällig? Die kette Extrablatt besetzt in Mainz die besten Lagen, so auch hier auf dem Marktplatz.

Marktplatz. Vielleicht habt Ihr ja Glück und es ist gerade Wochenmarkt? Aber auch sonst sieht es hier wirklich beeindruckend schön aus. Nur, der Schein trügt: Im Zweiten Weltkrieg waren alle Häuser zerstört und erst ab den siebziger Jahren wurden die alten Fassaden rekonstruiert. Die nördlichen Markthäuser etwa tragen vorne eine traditionelle Fassade, sind aber hintenrum mit einer modernen Glasfassade versehen. Und diese Stange da in der Mitte des Platzes?

Das ist eine **Heunensäule**, die, so die Theorie, für den Vorgängerbau des Domes nicht gebraucht wurde. Zum tausendjährigen Domjubiläum, 1975, wurde sie dort aufgestellt. Der Bronzesockel ist geschmückt mit Kopfbedeckungen und Szenen aus verschiedenen Kapiteln der Mainzer Geschichte, einer Reichskrone etwa und natürlich der wichtigen Narrenkappe. Im Jahre 1793 hat an der gleichen Stelle vermutlich ein Freiheitsbaum gestanden, als für knapp drei Monate die „Mainzer Republik" bestand, der allererste deutsche demokratische Staat!

Wunderschön ist auch der **Marktbrunnen** aus der Renaissance-Zeit. Dieser steht heute wieder auf seinem ursprünglichen Platz am östlichen Ende des Marktplatzes und ist auf jeden Fall ein Foto wert.

*Das etwas andere Mainz: Unterhaltsame und interessante Führungen, z.B. über die Mainzer Friedhöfe oder zu lokalen kriminalfällen, bietet der Verein **Geographie für Alle**.*
www.geographie-fuer-alle.de

Jetzt aber: **Der Dom!**

„Im Schatten des Doms" – so heißt eine populäre Meenzer Fußball- und Fassenachtshymne. Und im Schatten steht man da schnell mal, denn der Dom St. Martin macht wirklich was her. Besonders beeindruckend ist er, wenn sein roter Sandstein von der Abendsonne angestrahlt wird. Er wurde 1036 eröffnet und mehrere deutsche Könige wurden hier gekrönt! In das bronzene Marktportal, das so alt ist wie der Dom selbst, ist das Stadtrecht von Mainz aus dem zwölften Jahrhundert eingraviert.

Rechts neben dem Portal, vor der ebenfalls berühmten Gotthardkapelle, steht eindrucksvoll geschwungen der Heilige Bonifatius, Bischof von Mainz, Missionar und Märtyrer. Gegenüber von good old Bonifatius ist übrigens eine der äußerst seltenen öffentlichen Toiletten – für Herren. Damen müssen hinter den Liebfrauenplatz, wie der Name schon sagt.

Um den bekanntesten Sohn der Stadt Mainz zu treffen, geht Ihr zurück übers Höfchen auf den **Gutenbergplatz**. Rechterhand seht Ihr zunächst mal das modernisierte Staatstheater, in dessen Bau sich Altes und Neues wieder einmal vereinen.

Gegenüber dann ist er endlich: Der Mainzer schlechthin und natürlich Namensgeber des Platzes, **Johannes Gutenberg**! Die Bronzeplastik des dänischen Künstlers Thorvaldsen von 1837 ist umringt von Cafés und Restaurants, von denen besonders das **Eiscafé Dolomiti** zu empfehlen ist.

Wenn Ihr weiter geradeaus geht, kommt Ihr auf die **Ludwigstraße**. Das ist eine DER Einkaufs- und Festmeilen der Stadt und hier geht es beson-

ders heiß her, wenn Rosenmontag oder Johannisfest
ist. Die nicht immer char-
manten Neubauten sind
Zeugnis dafür, dass im Zweiten Weltkrieg 80 Prozent der
Stadt zerstört wurden.

Mal raus aus dem Trubel?

Hübsch ist die Aussicht vom **Karstadt-Café**. Hier könnt Ihr über der
Straße und den Einkaufswütigen thronen und einen erschwinglichen
Kaffee schlürfen. Folgt Ihr der Straße weiter, erreicht Ihr den **Schiller-
platz** und es wird langsam närrisch: Links schreitet ein bronzener Gar-
detrommler und geradeaus sprüht der **Fastnachtsbrunnen** vor Frohsinn.
Er steht auf dem Kopf, ebenso wie Mainz zur „närrisch Zeit". Hier lohnt
sich genaueres Hinschauen: Über 200 Figuren tummeln sich in dem
Gebilde.

kultur S. 170

Der Schillerplatz gehört sicher zu den schönsten Plätzen von Mainz,
besonders wegen der großen Blumenbeete und der ihn umgebenden
barocken Adelspaläste. Im Sommer findet Ihr hier Schatten und es weht
eine kühle Brise, während die Straßenbahnen vorbeirappeln. Dort
erblickt Ihr schließlich auch die obligatorische **Schiller-Statue**. Schiller
hatte zwar nicht unbedingt viel mit Mainz zu tun, machte hier aber
immerhin mal kurz Station und einen so großen Dichter kann man
natürlich immer bewundern.

Schon wieder Lust auf
Kaffee, Kuchen oder Eis?
Sehr empfehlenswert ist
hier z.B. das **De Covre**.

Mainz   endlich

endlich   **endlich**   Mainz

Besuch

Touris

Eltern

aufräumen

Sightseeing

Wenn man jetzt hier die Straße überquert, kann man den **Schoppenstecher** bewundern, der eine „Mainzer Stange" (= Schoppen, Halbliter-Weinglas) hält und schon sehr vergnügt dreinschaut. Am besten mal einen Mainzer fragen, wie er den Namen der Figur ausspricht!

Hinter ihm befinden sich die Reste der Bodenheizung einer römischen Villa und die **Sterne der Satire** bzw. der „Walk of Fame des Kabaretts".
73 Künstler des deutschsprachigen Kabaretts wurden dort als Sterne im Boden verewigt. Wen wundert es, dass der Sternchen-Weg zum **unterhaus** führt, einem der bedeutenden Aufführungsorte für Kleinkunst in Deutschland.

Nun könnt Ihr wieder zur Ludwigsstraße zurücklaufen und rechts die malerische Gaustraße hinauf über die Ölgasse zur **Kirche St. Stephan** nehmen. Diese ist bestückt mit Fenstern des russisch-französischen Künstlers Marc Chagall, die den Raum in ein geradezu überirdisches blaues Licht tauchen. Reinschauen lohnt sich also.

Wieder draußen im warmen Sonnenlicht nehmt Ihr nun die Stefansstraße, die östlich der Kirche verläuft. Jetzt geht es immer weiter Richtung Zitadelle. Ihr überquert eine große Straße und kommt auf der anderen Seite über eine Brücke schließlich dorthin. Die **Zitadelle** stammt in ihrer jetzigen Form aus dem 17. Jahrhundert.

Dom
aufräumen
Eltern
Sightseeing
Besuch
//141

Neben dem stadthistorischen Museum gibt es hier unterirdische Gänge und den römischen **Drususstein**. Dieser ist ein einsamer Zeuge des sich einst hier befindlichen römischen Militärlagers – neun vor Christus starb Feldherr Drusus an der Elbe und der Stein wurde zu seinen Ehren errichtet. Wohlgemerkt: Dies ist kein echtes Grab!

Aber apropos unter der Erde, etwas ganz Besonderes ist **Mainz von unten**: Düstere und geheimnisvolle Keller und Gänge erstrecken sich vor allem unter der Mainzer Altstadt. Hier und in anderen Teilen der Stadt gibt es Geheimgänge von einem Haus zum anderen und versteckte Fluchtwege aus Klöstern. Schon mancher Hausbesitzer wurde in Mainz zum Hobbyarchäologen. Weil sich die meisten dieser gruseligen Rattenlöcher in Privatbesitz befinden, sind sie normalerweise leider nicht zugänglich.

Wer trotzdem den Kitzel der Unterwelt haben will, kann ja eine Führung in den **Kasematten und Minengängen der Zitadelle** machen – die sind allerdings aus dem 17./18. Jahrhundert. Dann muss man sich nur noch das Krachen der Geschütze vorstellen und man fühlt sich wie bei der Belagerung von Mainz 1793 …

Aus dem Haupteingang verlässt man das Gelände hin zum Zitadellenweg und sieht von oben das **römische Theater**, das leider von Eisenbahnschienen durchschnitten wurde. Dieses Theater aus dem zweiten Jahrhundert ist das größte römische Bühnentheater nördlich der Alpen, das wird Deinen Besuch beeindrucken. Hier saßen einmal bis zu 10.000 Menschen! Mainz – römisch „Mogontiacum" – war lange römische Provinzhauptstadt und Bollwerk gegen die germanischen Stämme.

endlich   Mainz   endlich   endlich   Mainz

Nun geht es Richtung Rhein. Nebenbei: In Mainz sind fast alle Straßenschilder entweder rot oder blau. Warum? Die Straßen mit roten Schildern verlaufen senkrecht zum Rhein, die mit den blauen parallel. So kann man sich immer orientieren in einer Stadt, in der alles Wichtige zu Fuß zu erreichen ist.

Um zum Rhein zu kommen, müsst Ihr den Zitadellenweg wieder ein Stück zurück und Euch dann rechts halten. Es geht am Cinestar-Kino und dem neuen Archäologiezentrum Mainz vorbei, am besten über die Dagobertstraße bis hin zur **Malakoff-Terrasse** direkt am Fluss.

Hier gibt es Cafés, das Kulturzentrum (KUZ) und oft genug den ein oder anderen Straßenmusiker. Also ran an die Uferbrüstung und tief einatmen! Der **Rhein** weitet Herz und Lunge, wenn man vom kleinteiligen Mainz genug hat. Auf beiden Seiten des Flusses lässt es sich prächtig spazieren, lesen, träumen, küssen ...

Rechterhand kann man nun am grünen **Winterhafen** kleine Boote begucken. Wenn Ihr damit fertig seid, wendet Ihr Euch wieder in die andere Richtung und passiert die ursprünglichen Tore der Stadt zum Fluss. Sie sind allerdings nur noch dem Namen nach präsent: Holztor, Fischtor, Weintor usw. Nach dem modernen und ziemlich düsteren **Rathaus** (man sagt auch gerne mal „Fuchsbau") kommt man am edlen Lokal **Rheingold** in wunderschöner Lage vorbei. Schon mal fürs Abendessen vormerken?

Rathaus

Nach der Rheingoldhalle folgt der schmucke **Brückenplatz** mit Kopien von Reliefs der sieben mittelalterlichen Kurfürsten. Wer sich für aktuellere Weltgeschichte interessiert, kann über die Straße auf die mittlere Grasfläche vorstoßen, wo ein **Stück der Berliner Mauer** aufragt.

Die **Theodor-Heuss-Brücke**, nicht zu übersehen, ist besonders an Sylvester und der Johannisnacht beliebt, wenn mit Ah! und Oh! Feuerwerke in den Mainzer Himmel geschossen werden.   *feste Feste, S. 179*

Auf der „ebsch Seit" (meenzerisch für „komische, schlechte Seite", soll heißen: Wiesbaden) ist die **Festung Reduit** zu sehen, die im Sommer unbedingt zu empfehlen ist, nicht nur, aber auch, wegen des weithin sichtbaren Sandstrandes. Der Sonnenuntergang vom Ufer dort ist unvergesslich und auch die Aussicht auf die Mainzer Seite ist wesentlich schöner als andersherum.

Denn auf der Mainzer Prachtmeile kommen nun der barocke **Landtag**, auch „Deutschhaus" genannt, und das **Kurfürstliche Schloss**, das im roten Sandstein erstrahlt.

Folgt man dem Rhein weiter, kommt man zur Mainzer Neustadt. Hier befinden sich einige architektonische Highlights und viele Studentenkneipen. Am Ende des Rheinufers findet Ihr dann den Zollhafen. Dort vom Fluss weg bis auf die Hindenburgstraße gehen und auf dem Weg Christuskirche, Kunsthalle und die Neue Synagoge bewundern!

Mainz

endlich   endlich   Mainz

Vor dem Kurfürstlichen Schloss verlasst Ihr nun wieder den Rhein und geht in die breite „Große Bleiche" hinein. Hier gibt es einiges zu sehen: zunächst links eine Kopie der **römischen Jupitersäule** aus dem ersten Jahrhundert nach Christus, auf der einst ein überlebensgroßer bronzener und vergoldeter Jupiter stand. An den Platz schließt sich die rote **Barockkirche St. Peter** an – wer Glanz und Pracht mag, sollte sich unbedingt das Innere ansehen!

Kurfürstliches Schloss

Auf der anderen Straßenseite steht in einiger Ferne die Nachbildung des ebenfalls römischen **Dativius-Victor-Bogens** aus dem dritten Jahrhundert nach Christus. An der Kreuzung Bauhofstraße/Große Bleiche schließlich befindet sich die Szenekneipe **Schon Schön**, wo sich die Studenten und Künstler tummeln. Zeit für ein Bier?

Sieht man schräg gegenüber auf das Dach des großen Baus, fällt einem zweifelsohne in der Ferne das goldene Pferd auf – in diesem ehemaligen Militärstall befindet sich das **Landesmuseum**, in dem u.a. die Jupitersäule im Original steht.

Habt Ihr keine Lust, ins Museum zu gehen, könnt Ihr Euch jetzt auf den Rückweg zum Höfchen begeben. Dazu biegt Ihr links in die Flachsmarktstraße ein und seid wieder inmitten des Einkaufsgetummels.

Die Flachsmarktstraße geht schließlich in die Schusterstraße über. Hier kann man links in der Christofsstraße die **Ruine der Christofskirche** sehen: Sie wurde als Mahnmal stehen gelassen, um an die fast vollständige Zerstörung der Stadt im Zweiten Weltkrieg zu erinnern. Der hübsche Karmeliterplatz hat eine der besten Lounges der Stadt: Im **cubo negro** gibt's neben Bier und Kaffee auch ein hervorragendes Rumpsteak!

Dom
aufräumen
Eltern
Sightseeing
Besuch
//145

Weiter die Schusterstraße hinunter stand einst das **Geburtshaus von Johannes Gutenberg**, die Gedenktafel befindet sich links an der Apotheke. Nun aber bitte noch einmal etwas Fachwerk und Mittelalter! Also geht es über die Alte Universitätsstraße und die Schöfferstraße zum wirklich hübschen **Platz Leichhof**. In der Augustinerstraße schließlich ist es endlich eng und mittelalterlich. Der **Kirschgarten** bietet ein typisches Postkartenmotiv, also Kamera raus, man will den Daheimgebliebenen schließlich was zeigen.

Wer sich von hier ins Gassengewirr wagt, findet im Weihergraben 1 das **Quartier Mayence**, eine urige Kneipe, und das gemütliche **Altstadt-Café** (Schönbornstr. 9a, bis 22 Uhr geöffnet). Am besten nach dem Weg fragen!

Die Augustinerstraße hat mit dem **Frankfurter Hof** eine hervorragende Bühne für klassische und populäre Musik, außerdem viele gehobenere Wein-Lokale mit und ohne Butzenfenster. Die **Seminarkirche St. Augustin** ist eine der bedeutendsten Kirchen des Spätbarock. Völlerei betreiben möchte man am liebsten im nahen **Augustinerkeller** (Augustinerstr. 26), wohin man sich gerne von fußmüden Eltern einladen lässt.

Am Ende der Augustinerstraße wendet man sich dann nach rechts, um den langen Rundgang in der wohl berühmtesten Kneipe der Stadt zu beschließen. Über die Brücke rechts kommt nämlich nach wenigen Metern das **Eisgrub** (Weißliliengasse 1a). Das Lokal hat eine eigene Brauerei und ist immer gut besucht, besonders mit größeren Gruppen sollte man also, wenn es geht, reservieren!

Nach dieser Tour weißt du schon ganz gut Bescheid! Jetzt kannst Du Dich ganz als „Meenzer" unter die wuselnden Menschen mischen und ebenfalls so tun, als wärst du schrecklich beschäftigt …

endlich   Mainz   endlich   endlich   Mainz

Klassik
Konzert
Konzert
Konzert
Konzert
Konzert
Klassik
endlich
Klassik
Poetry-Slam
Kinosessel
Theater
Poetry-Slam
Poetry
Konzert
Poetry-Slam

Kultur
Kultur und so
und so
und so

zer
kinosessel
osessel
lassik
grappe
assik
sessel
Kinosessel
try-Slam
endlich
Theater
Theater
Theater
Theater

Konzert Kinosessel
Klassik
Theater
Poetry-Slam

Freizeit! Neben Rhein, Kneipen und schönem Wetter gibt es in Mainz auch Kulturelles für jeden Geschmack: Auf die Ohren, in die Augen oder zum Mitdenken. Die Orte sind teils verstreut, aber es lohnt sich auch mal, einen längeren Weg in Kauf zu nehmen! Apropos: Spätestens bei der sogenannten Kultur zahlt es sich aus, auch mal einen Fuß über den Rhein zu setzen und ins größere Wiesbaden zu reisen. Das ist zwar keine Studentenstadt und es geht allgemein etwas gehobener zu als in Mainz, aber wenn Dir hier etwas fehlt, findest Du es dort bestimmt.

Veranstaltungskalender mit aktuellen Terminen findest Du bei den Stadtmagazinen stuz und frizz:

www.stuz-mainz.de
www.frizz-mainz.de

Kino

Die Film- und Kinoszene in Mainz ist klein, aber fein. Für das große Blockbuster-Kino, auf Wunsch in 3D, gehst Du am besten ins **CineStar** (Holzhofstr. 1). Dienstag ist immer Kinotag, Mittwoch Sneak Preview, darüber hinaus gibt es Geschlechterklischees pur am Frauen- und Männerabend.

Zum Cinestar gehören auch die kleineren Häuser **Residenz & Prinzess** (Schillerstr. 30-32). Hier gibt es als willkommene Ergänzung anspruchsvollere Filme und auch mal kleine Produktionen.

Vor einigen Jahren haben Mainzer Ex-Studis die Programmkinos **Capitol** (Neubrunnenstr. 9) und **Palatin** (Hintere Bleiche 6-8) zum Leben erweckt und zeigen sowohl Mainstream als auch ganz abgefahrene Streifen für die echten Cineasten unter Euch.
www.programmkinos-mainz.de

Ein Kleinod ist das kommunale Kino **cinémayence**. Im knorzigen Saal des **Institut Français** (Schillerstr. 11) gibt es besondere Filme aus aller Welt, besonders aber – wie zu vermuten – aus Frankreich. Ist leider nicht ganz billig, aber dafür ist auch mal ein Plausch an der Kasse mit drin. www.cinemayence.de

Im Semester gibt es montags und mittwochs immer um 20.00 Uhr das **Klubkino** im Hörsaalgebäude „Muschel" (Johann-Joachim-Becher-Weg 23). Für nur 2 Euro kannst Du hier auf großer Leinwand den Tag ausklingen lassen und Bier gibt es sogar auch. Bei begehrten Filmen ist frühes Erscheinen aber durchaus von Vorteil, sonst wird es eng! Einfach Programmhefte in der Caféteria oder sonstwo an der Uni aufsammeln.

Wer unbedingt Filme „im Original" schauen will, der muss zur Prime Time der Anglistikstudenten. Die zeigen immer montags auf dem Uni-Campus im **Philosophicum** Serien und Filme (Jakob-Welder-Weg 18).

Auf der anderen Seite

Auch wenn es schwer fällt, das zuzugeben, kinomäßig hat Wiesbaden tatsächlich etwas mehr auf dem Kasten. Ein Muss im Sommer ist das Open Air-Kino an der Reduit in Mainz-Kastel (Haltestelle Brückenplatz). Nach Einbruch der Dunkelheit wird hier geweint, gelacht, geliebt, gehasst und direkt daneben plätschert der Rhein vor sich hin ... www.openairkino-reduit.de

Außerdem steht auf der anderen Rheinseite auch das Deutsche Film-haus, wo man im **Murnau-Filmtheater** seit 2009 Juwelen der Filmge-schichte sehen kann. www.murnau-stiftung.de

endlich   Mainz   endlich
        endlich   Mainz

Konzert Kinosessel
Klassik
Theater
Poetry-Slam

Auf der Wiese direkt am Hauptbahnhof, also sehr leicht zu erreichen, gibt es im Sommer an einigen Wochenenden das Gratis-Open-Air-Kino **Die Bilderwerfer**. www.bilderwerfer.de

Zudem gibt es kultige Säle wie das **Bambi** (Mauritiusstr. 3) und das **Caligari** (Marktplatz 9). Blockbuster im O-Ton werden regelmäßig im **Thalia-Theater** (Kirchgasse 72) gezeigt.

Couchpotatoe und trotzdem Lust auf Film?

Dann ist die Filmpassage an der Uni (Dr. Martin-Luther-king-Weg 20) der Ort für Dich. Du findest hier nicht nur eine anspruchsvolle Auswahl an Bewegtbildern, sondern auch ein wunderbares rotes Sofa, auf dem man hervorragend in ausliegenden Filmlexika schmökern kann.

www.filmpassage-mainz.de

Studierende und sonstig zubildende unter 30 sichern sich am besten das Sechser-Abo "Was ihr wollt". Für den wiederholungs-Sponti lohnt sich das "Theater Spontan".

Theater

Die Bretter, die die Welt bedeuten, finden sich natürlich auch in Mainz in allen Größen und Formaten. Bedeutendstes Theater für Klassiker und Modernes ist das **Staatstheater** mit seinen drei Spielstätten. Im Großen Haus am Gutenbergplatz werden Shakespeare und Co. gespielt, außerdem ist hier die einzige Ballett- und Opernbühne der Stadt. Das **Kleine Haus** direkt dahinter (Tritonplatz) ist kleineren Inszenierungen vorbehalten. Schrilles, Junges, Wildes und Produktionen für die Kleinen gibt es im **Theater im City** (TiC) in der Spritzengasse 2 am Schillerplatz. www.staatstheater-mainz.de

Nicht aus Mainz wegzudenken ist das **unterhaus – Mainzer Forum Theater** (Münsterstr. 7). Hier bekommst Du Kabarett satt. Hanns Dieter Hüsch hat an Ort und Stelle 1972 den ersten Deutschen Kleinkunstpreis gewonnen, der heute immernoch hier verliehen wird. Für Studis & Co. gibt es sehr soziale Ermäßigungen, aber Vorsicht: Die gelten nicht am Freitag und Samstag!
www.unterhaus-mainz.de

Revuen, Sprechtheater und Dramatik gibt es bei den **Mainzer Kammer-spielen**. Zwar ist der Fort Malakoff Park, in dem die Bühne sich befindet, eher ein Einkaufszentrum, aber das Programm mit seinen zahlreichen Gastspielen ist hochaktuell. Außerdem ist die Malakoff-Terrasse am Rhein im Sommer einfach unvergleichlich schön ...
www.mainzer-kammerspiele.de

Direkt nebenan, in dem alten Ziegelbau, liegt dann das **Kulturzentrum KUZ** (Dagobertstr. 20b), das seit 1981 einen Rundumschlag an Kultur bietet, eben auch Theater für Erwachsene und andere Kinder.
www.kuz.de

Viel durch den Kakao gezogen wird in der **Showbühne Mainz** (Große Bleiche 17, direkt am Münsterplatz). Neben Musical und Satire gibt es hier Konzerte und es wird auch schon mal zum Casting für Eigenproduktionen eingeladen. Karten sind leider nicht ganz billig.
www.showbuehne-mainz.de

Eigentlich schon nicht mehr Theater macht das **performance art depot (pad)** in der Mainzer Neustadt (Leibnizstr. 46). Performance ist alles, was den Rahmen des klassischen Theaters sprengt. Mach Dich auf was gefasst! Für Leute, die sich ausprobieren wollen, bieten die Macher ab und zu auch Workshops an.
www.pad-mainz.de

Konzert Kinosessel
Klassik
Theater
Poetry-Slam

Etwas abgelegen, nämlich in Bretzenheim, liegt die **Schauspielschule Mainz** (Alte Ziegelei). Das jährliche, abendfüllende Stück des Abschluss-jahrgangs sowie szenische Abende laden zu einem Ausflug auf das interessante Gelände ein. Werbung machen die Leute aber nicht, deshalb schaust Du am besten kurzerhand ins Internet.
www.schauspielschule-mainz.de

Die vornehmlich studentische Zimmertheaterszene tummelt sich gerne mal im **Peng** (Rheinalle 79-81) oder in einer der zahlreichen Vorstellungen an der Uni. Für letztere einfach mal auf dem Campus spazieren gehen und sich die Poster ansehen! Auch für Nichtstudis sind die Vorstellungen bestens geeignet, billig und man kann das Bier mit reinnehmen. www.pengland.de

Wer sich mal einen richtigen Schwank mit Lachgarantie geben will, wendet sich an den **Meenzer Rhoiadel** (Hauptstr. 17, Mombach). Der Verein hat sich dem Mundarttheater verschrieben und pflegt den totalen Nonsens. Perfekter Ausgleich für notorische Grübler!
www.rhoiadel.de

Ein „rischdische Roihesse" sollte auch einmal im Leben den **„Lustigen Weinberg"** schauen. Das ist der Dauerbrenner der Carl-Zuckmayer-Gesellschaft in Nackenheim, der zwischen den Weltkriegen als Satire auf Provinz und Nationalismus entstand. Achtung: Für diesen Sommerspaß sollte man schon bis zu ein Jahr im Voraus Karten bestellen! Der Verein führt aber auch andere Stücke von Carl Zuckmayer und rheinhessischen Autoren auf.
www.carl-zuckmayer.de

siehe Mainz fiktiv, S. 192-197

Auf der anderen Seite

Wiesbaden besitzt neben einem **Staatstheater** (Christian-Zais-Str. 3) zahlreiche kleinere Aufführungsorte. www.staatstheater-wiesbaden.de

Hervorzuheben ist das einzigartige **Velvets-Theater** (Schwarzenbergstr. 3), das von Prager Künstlern in den Sechzigerjahren gegründet wurde. Die Künstler sind schwarz angezogen und arbeiten mit Puppen, so dass märchenhafte Welten vor den Augen der Zuschauer entstehen. www.velvets-theater.de

Interessante Vorstellungen, oft mit Film und Musik, gibt's im **Walhalla Studio** (Mauritiusstr. 3a). www.walhalla-studio.de

Konzerte

Populär

Und wo spielt in Mainz die Musik? Wenn Du die Nase voll hast von Deinen „Sicherheitskopien" und die echte Dröhnung willst, wirst Du schnell fündig.

Die ganz großen Events gibt es in der **Phönixhalle** in Mombach (Hauptstr. 17-19) sowie in der **Rheingoldhalle** (Rheinstr. 66). Hier sind Comedygrößen sowie Rock und Pop zu Hause, die Plakate dürften kaum zu übersehen sein.

www.phoenix-halle.de   www.ccmainz.de/rheingoldhalle.html

Konzert Kinosessel
Klassik
Theater
Poetry-Slam

Platzhirsch, aber auch eine der besten Spielstätten für gehobenere populäre Musik in Mainz ist wohl der **Frankfurter Hof** (Augustinerstr. 55). Ein Blick in das hauseigene Gratis-Magazin „Live" lohnt sich, da gibt es immer Hintergrund-Infos und Interviews mit Künstlern.
www.frankfurter-hof-mainz.de

Wer es etwas alternativer mag, wendet sich vertrauensvoll an das **KUZ** (Kulturzentrum, Dagobertstr. 20b). Vor allem Rocker und Liedermacher bestimmen hier das Live-Programm. www.kuz.de

„Caveau 100% Rock!" - das ist der Slogan des etwas versteckten, aber dennoch bekannten Gewölbekellers **Caveau** (Schillerstr. 11). Der Club hat sich dem Alternative Rock verschrieben und zieht das auch durch. Die Konzerte sind dreckig und astrein, das Publikum jung.
www.caveau.de

Nicht nur bei Studenten bekannt ist das **Kulturcafé** auf dem Campus (Becherweg 5). Auf der Terrasse kann man im Semester mal so richtig das Studi-Leben in sich einsaugen. Hier gibt es montags Bands, dienstags Kleinkunst und Liedermacher, mittwochs Jazz-Sessions und sonst Partys! Wenn Du selber musizierst, kannst Du hier auch mal beim Bandwettbewerb mitmachen und vielleicht zu großen Mainzer Ehren kommen!
www.kulturcafe-mainz.de

Und wenn wir schon gerade auf dem Campus sind, dürfen wir die Mainzer Punkerhöhle nicht vergessen: Im **Haus Mainusch** gibt es Undergroundmusik der härtesten Gangart. Das besetzte Haus und der sich anschließende Wagenplatz stehen schon seit zwanzig Jahren für echte Gegenkultur. www.myspace.de/hausmainusch

Direkt neben dem Mainusch findest Du das **Studihaus** (Staudinger Weg 21), wo besonders bei Semestereröffnungen abgetanzt wird. Hier hat sogar schon Green Day gespielt! Heutzutage gibt es Reggae und Balkan Beats, aber die absoluten Höhepunkte sind ohne Zweifel die Konzerte vom Liedermacher Götz Widmann, der einmal im Jahr hier aufspielt. Auf die Plakate auf dem Campus achten!

In den letzten Jahren mausert sich auch die **Kunsthochschule** (Am Taubertsberg 6) zu einer Live-Location, inklusive freakiger Seitenprojekte von Künstlern. www.kunsthochschule-mainz.de

Für ganz harte Brocken hält das **Alexander the Great** (Hintere Bleiche 8) alles parat: Hier werden die Mähnen zu Metal und Hard Rock geschüttelt, dass es kracht. Es gibt oben eine gemütliche Kneipe mit Biergarten und unten einen Gewölbekeller, nur drei Stufen zur Hölle ... www.alexander-the-great-mz.de

Schwere Gitarrentöne und verschwitzte Körper gibt es auch regelmäßig im **M8-Live-Club** (Mitternachtsgasse 8) im Haus der Jugend. Hier finden Konzerte der Kulturfabrik Airfield statt, die aus zahlreichen Bands der Region besteht. Da ist viel Metal dabei, aber auch gemäßigtere Richtungen des Rock und Indie. Reinschauen lohnt sich, das Publikum ist aber teilweise blutjung. www.kulturfabrik-airfield.de

Leisen Klampfentönen hingegen frönen die Musiker von **Mayence Acoustique**. Der Verein macht im M8-Live-Club (Mitternachtsgasse 8) fast jeden Donnerstag Musik, so dass man bei Kerzenschein und einem Bierchen den Tag bei gediegenen Liedermachertönen ausklingen lassen kann. Tipp: Einmal im Monat ist Open-Stage, also ran an die Saiten! www.mayence-acoustique.de

Für Künstler und andere Umhängetaschenträger ist das **Peng** (Rheinallee 79 – 81) auch musikalisch die richtige Adresse. Da findet man vermehrt Indie und Elektronik. Das Herz der Mainzer Off-Kultur schlägt hier und wer eine Hornbrille hat, der passt bestens rein. www.pengland.de

Lust zum Abfeiern? Dann ist der **Irish Pub** im urigen Keller (Weisslilien-gasse 5) genau das Richtige. Hier gibt es jeden Tag Konzerte, Karaoke oder Open Stage! www.irish-pub-mainz.de

Ein Geheimtipp ist immer noch das **SWR-Foyer** (Am Fort Gonsen-heim 139) – hier finden hervorragende Gratis-Konzerte statt. Von Welt-musik bis Gitarrenvirtuosen ist alles dabei, für die Highlights sollte man allerdings Karten vorbestellen. www.swr.de/foyer

Achtung: Es gibt noch einen weiteren Irish Pub in Mainz, der auch ab und zu Live-Musik hat: The Porter House (Große Langgasse 4).

www.theporterhouse.de

Auf der anderen Seite

Von der S-Bahn aus zu sehen ist der Turm vom Wiesbadener Kultschuppen **Schlachthof** (Murnaustr. 1). Hier gibt es alles von Sixties über Elektro bis zu Slayer live. Für Mainzer perfekt: Er ist vom Haupt-bahnhof in fünf Minuten zu Fuß zu erreichen. Also Wegebier einpacken und feiern auf Hessisch! www.schlachthof-wiesbaden.de

Im **kulturpalast** (Saalgasse 36) geht es definitiv indie-mäßig zu. Post-rock, Rock'n'Roll, Wave und die Russendisko Wladimir Kaminers sind nur einige Erlesenheiten aus dem Programm.
www.kulturpalast-wiesbaden.de

Klassik

Mal wieder Lust auf ein schönes klassisches Konzert? Kein Problem, schick machen oder normal bleiben und los geht's!

Das **Philharmonische Staatsorchester** hat seinen Sitz im Staatstheater Mainz (Gutenbergplatz 7), wo man sich im großen Haus von Konzerten oder Opern erheben lassen kann. Auch hier gelten spezielle Abo- und Azubi-Tarife! www.staatstheater-mainz.de

Hochkarätige Konzerte, u. a. von internationalen Pianisten, gibt es außerdem im **Frankfurter Hof** (Augustinerstr. 55), der Allroundbühne für den erlesenen Geschmack in Mainz. www.frankfurter-hof-mainz.de

Wer historisches Ambiente mag, geht in das **Kurfürstliche Schloss** (Diether-von-Isenburg-Str.1) In dem roten Renaissance-Gebäude finden regelmäßig Orchesterkonzerte statt.

Die **Villa Musica** (Auf der Bastei 3, in Laufweite vom Bahnhof) hat sich ganz der Kammermusik verschrieben. Zu Hause, aber auch in ganz Rheinland-Pfalz spielen Nachwuchstalente sowie das eigene Ensemble auf. www.villamusica.de

endlich **Mainz** endlich

endlich   **endlich**   Mainz

Konzert Kinosessel
Klassik
Theater
Poetry-Slam

Ein Insidertipp in Mainz sind die Konzerte der **Hochschule für Musik**. An verschiedenen Orten, meist um den Campus herum, gibt es ständig Dozentenkonzerte, Instrumentalabende und öffentliche Abschlussprüfungen von Studierenden. Gratis! www.musik.uni-mainz.de

Ganz der Jugend verschrieben hat sich das **Peter-Cornelius-Konservatorium** (Binger Str. 18). Hier wird mehrmals pro Woche öffentlich musiziert – der Eintritt ist in der Regel auch hier frei. www.pck-mainz.de

Der Klang der menschliche Stimme kann im richtigen Raum sehr eindrucksvoll sein. Das zeigen die vielen Chöre der Stadt. Am bekanntesten ist der **Bachchor**, der in der Christuskirche (Kaiserstr.) auftritt. www.bachchormainz.de

Du bist kein Kirchgänger? Die Kirchenkonzerte der klassischen Sparten sind aber auch für Dich ein Anlass, mal die schönen Gotteshäuser von Mainz zu erkunden. Halte einfach in der Stadt die Augen offen nach Plakaten. Was Du Dir sicher nicht entgehen lassen solltest, sind die Domkonzerte – hier stimmen der monumentale Ort und die Musik grandios überein.

Wiesbaden klassisch

Auch die Wiesbadener lassen sich in Sachen Klassik nicht lumpen, weilten doch u. a. Wagner und Brahms hier. Das **Symphonieorchester** etwa spielt im Kurhaus (Kurhausplatz 1), in dem schon Kaiser Wilhelm und Dostojewski ein- und ausgingen. www.staatstheater-wiesbaden.de
Außerdem gibt es in der Landeshauptstadt jeweils eine **Bach-, Brahms-** und **Mozartgesellschaft**, die den jeweiligen Komponisten und dessen Zeit in vielen Konzerten feiert. Als einzigartigen Aufführungsort bespielt die Wiesbadener Klassikszene das Kloster Eberbach, wo u. a. für „Der Name der Rose" gedreht wurde. www.kloster-eberbach.de

www.bach-wiesbaden.de
www.brahms-gesellschaft.de
www.mozartwiesbaden.com

Jazz

Cool oder funky, rockig oder kompliziert – in Mainz ist die Jazz-Szene
studentisch geprägt. Sessions gibt es im Uni-Dunstkreis: im **Kulturcafé**
(Becherweg 5) auf dem Campus immer mittwochs und in der **ESG-Bar**
(Am Gonsenheimer Spieß 1) am Campus am 1. und 3. Dienstag im
Monat. Genial ist es, wenn die Jazzer im Sommer draußen vor dem Kulturcafé spielen. Beim Bierchen und mit Miles Davis live den Tag ausklingen lassen, ist nicht nur für Studis unschlagbar ...
www.kulturcafe-mainz.de   www.esg-mainz.de

Das **Schon Schön** (Große Bleiche 60)
ruft in der Stadt immer montags zu
Live Jazz. Auch hier findest Du stu-
dentisches Publikum und einen
neueren Treffpunkt der Kulturszene.
www.schon-schoen.de

Wer auch mal die Blue Notes auf
international hören will, der sollte zur
JIM (Jazz-Initiative Mainz) ins **M8**
(Mitternachtsgasse 8) gehen. Immer
am 3. und 4. Samstag wird hier gejazzt,
dass die Fetzen fliegen. Werbung gibt
es kaum, weshalb Du am besten einfach
mal vorbeigehst.

Nicht nur französischen Jazz gibt es im
Institut Francais (Schillerstr. 11). Der
Schönborner Hof ist ein wunderschöner
Barockbau und es spielen dort in herr-
schaftlichem Ambiente Saxophon und
Co. Die nicht ganz billigen Konzerte wer-
den fast nur an der Tür des Instituts
beworben! www.institutfrancais.de/mainz

NOTIZEN

Jazz am Mittag?
Wenn Du Leerlauf zwischen
den Vorlesungen hast oder
einfach nur Lust auf einen
groovy Imbiss, dann gehst du
am besten zur Hochschule
für Musik (Jakob-Welder-
Weg 28). Hier gibt es ab und
an Lunchkonzerte und immer
am Donnerstagmittag das
Jazzforum. Witzig: Für Studierende des Faches gilt das
als Lehrveranstaltung.

www.musik.uni-mainz.de

Schließlich ist auch der Künstlerpool **Peng** (Rheinallee 79-81) von Zeit zu Zeit Spielstätte der „amerikanischen Klassik". www.pengland.de

Am anderen Ufer: Jazzen in Hessen

Jazz auf der anderen Seite des Rheins lohnt sich vor allem bei den Festivals **Just Music** im Februar sowie **Jazz im Hof.** Bei letzterem wird im Sommer immer Sonntagmittags im Hof des Hessischen Ministeriums für Wissenschaft und Kunst (Luisenstr.) aufgespielt – perfekter Anlass für einen kleinen Ausflug.
www.justmusic-festival.de
www.wiesbaden.de/kultur

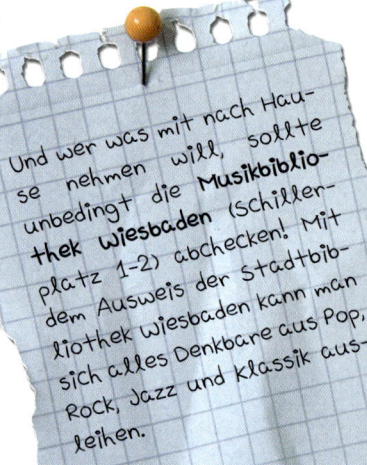

Und wer was mit nach Hause nehmen will, sollte unbedingt die **Musikbibliothek Wiesbaden** (Schillerplatz 1-2) abchecken! Mit dem Ausweis der Stadtbibliothek Wiesbaden kann man sich alles Denkbare aus Pop, Rock, Jazz und Klassik ausleihen.

Literatur

Bücher haben in Mainz eine ganz besondere Tradition. Immerhin wurde hier bekanntermaßen der Buchdruck mit Bleilettern von einem gewissen Herrn Johannes Gutenberg erfunden. Auch ein paar hundert Jahre später rattert es noch in Mainz, auch wenn die Szene sich ein wenig geändert hat.

Lesungen

Auf Lesungen kann man mit Autorinnen und Autoren mal so richtig auf Tuchfühlung gehen, Literatur zum Anfassen sozusagen. So etwas findet gerne im **Kulturcafé** (Becherweg 5, Uni-Campus) statt, wo das Programm vom Studierenden-Ausschuss gestaltet wird.
www.kulturcafe-mainz.de

Ansonsten gibt es etwa einmal monatlich Schreiberlinge live in der Buchbar **Lomo** (Ballplatz 2). www.lomo-mainz.com

Der **SWR** (Am Fort Gonsenheim 139) hat eine eigene Fernsehreihe „Literatur im Foyer", bei der man gestandenen Figuren aus der Literaturszene begegnen kann. Das ist umsonst und auch Autogrammjäger kommen hier auf ihre Kosten. Gegebenenfalls sollte man aber reservieren – einfach mal im Internet schauen. www.swr.de/literatur-im-foyer

An der Uni gibt es eine lebendige Literatur-Szene, die aber fast nur über Plakate auf dem Campus wirbt. Also ab und zu vom Lieblings-Schmöker aufschauen!

Auch im **Peng** (Rheinallee 79-81) gehen Poeten und solche, die es werden wollen, ein und aus. Hier kann es auch mal abgründiger werden. www.pengland.de

Eine neue Macht in der Buchszene Mainz ist **„gONZo loves you – das Freakbuchsalönchen"** (Hintere Bleiche 22). Hier gibt es Whisky, Beat-, Pop- und Trash-Literatur und es wird schon mal zum Bücherschießen geladen ... www.gonzoverlag.de

Immer noch nicht genug? Dann geh ins **KUZ** (Dagobertstr. 20b), denn hier gastieren Literaturgrößen aus ganz Deutschland! www.kuz.de

Auch nicht wegzudenken aus dem Mainz der Dichter und Denker ist das **Literaturbüro**, das die unterschiedlichsten Locations mit Worten aus Autorenmund füllt. Hier gibt es auch Hilfe bei Deinen eigenen Schreib-Projekten. www.literaturbuero-rlp.de

Mainzer Literatur Festival

There's still no Beat-Generation

www.mainzerliteraturfestival.de

endlich **Mainz** endlich

endlich **Mainz**

Konzert Kinosessel
Klassik
Theater
Poetry-Slam

Poetry Slams

Ring frei zum Poetry Slam! Wer Performance mit literarischem Erguss sehen will, geht ebenfalls ins **KUZ**. Einmal im Monat hat sich hier der verbale Schlagabtausch etabliert. Für die Afterparty kann man gleich da bleiben. www.poetryslam-mainz.de

Gleiches gilt für das **Kulturcafé** (Becherweg 5), allerdings findet der Slam hier seltener statt. Dafür aber an der Uni und mit freiem Eintritt! www.kulturcafe-mainz.de

Tipp: Stubenhocker? Macht nix, das kultur-telefon (06131-693944) bringt Prosa und Lyrik auch direkt zu Dir nach Hause!

Am anderen Ufer

Texthungrige strecken ihre Ohren auch gerne mal über den Rhein: Der **Schlachthof** (Murnaustr. 1) hat einen großen und erfolgreichen Poetry Slam. www.schlachthof-wiesbaden.de

Zahlreiche Lesungen gibt es im **kulturpalast** (Saalgasse 36). www.kulturpalast-wiesbaden.de

Das **Literaturhaus Villa Clementine** (Frankfurter Str. 1) lädt auch in sein Café zum Schmökern ein. www.wiesbaden.de/literaturhaus

Gar nicht altbacken ist das Konzept der **Wiesbadener Literaturtage**: Alle zwei Jahre gestaltet und begleitet ein Autor oder eine Autorin selber eine ganze Woche im Juni mit Lesungen, Filmen und Ausstellungen.

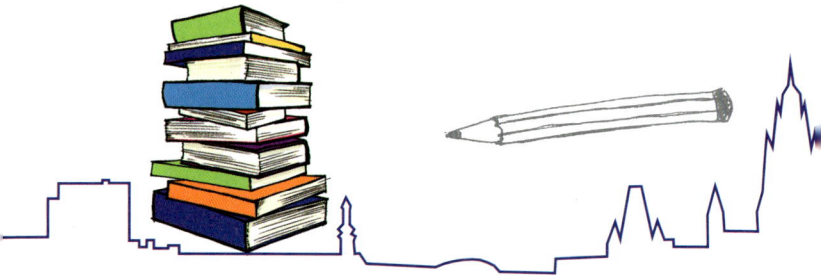

Festivals

Sommer, Sonne, Wiese, Bier und Kultur! Das hört sich gut an, oder? Rheinland-Pfalz lässt sich da nicht lumpen, gibt es doch u. a. den **Kultursommer**. Unter diesem Namen werden überall im Land Festivals veranstaltet, die sich nicht nur der Musik verschreiben.

Ein Pfingstwochenende voller Spaß und Ernst ist das **Open Ohr**. Das ist eines der wenigen Festivals, die mitten in der Stadt stattfinden, nämlich auf der Zitadelle. Der Schmelztiegel voller Live-Musik, Fressbuden, Diskussionen, Theater und Vorträge hat immer ein Leitthema, das einen großen Teil des Programms prägt. So kann man sich im Sonnenschein mit Politikern oder Uni-Professoren streiten und später gemeinsam vor der Hauptbühne abrocken.
www.open-ohr.de

Lustig geht es zu, wenn im August die Große Bleiche gesperrt und zum **RPR-Open-Air** gerufen wird. Da kommen nämlich internationale Top-Acts aus der Popmusik nach Mainz. Die denken zwar regelmäßig, sie wären in Frankfurt, aber macht ja nix.
www.rpr1.de

Die ganz dicken Brocken Musik an der frischen Luft gibt es auf dem **Summer in the City**. Es handelt sich dabei eigentlich nicht um ein zusammenhängendes Festival, sondern um viele einzelne, über die Stadt verstreute Shows. Hier kommt auch schon mal Bob Dylan in die Fassenachtsstadt.

Mainz endlich
endlich endlich Mainz

Konzert Kinosessel
Klassik
Theater
Poetry-Slam

Beim **no strings attached** – Figurentheater und mehr (immer im Mai) sind die Akteure nicht nur Puppen, sondern auch allerhand andere künstlerische Gestalten. In den Kammerspielen, im KUZ und am Malakoff-Platz gibt es phantastische Aufführungen. Eine der wenigen Gelegenheiten, Open-Air-Theater in Mainz zu sehen, zudem noch direkt am Rhein! www.no-strings-attached.de

Die Mainzer Gesellschaft **Grenzenlos Kultur** beschäftigt sich mit dem Thema Kunst und Behinderung. Die Inszenierungen des gleichnamigen Festivals sind heiter bis aufrüttelnd und die Organisatoren in ganz Deutschland vernetzt. So sind neue Erfahrungen auf allen Seiten garantiert! www.grenzenlos-kultur.de

Experimentelles bietet das **Internationale Performance Festival** im performance art depot (Leibnizstr. 46). Bühne und Publikum, Improvisation und Plan, Klang und Text – hier wird alles eins. www.pad-mainz.de

Ein cooles Event aus der Kunstszene ist das **Kunstzwerg-Festival**, das im Mai stattfindet. Hier gibt es Tanzteppiche, Ausstellungen und Absonderlichkeiten. Ausgerichtet wird der Spaß vom freakigen Kunstverein Walpodenstraße. www.blog.kunstzwerg.net

Open Air für jedermann, mitten in der Stadt heißt hierzulande **„Mainz lebt auf seinen Plätzen"**. Ein Anlass, mal in der Öffentlichkeit zu fiedeln, Theater zu spielen und zu flashmobben. Immer im Juli und August.

Vorhang auf, Film ab! Seit 2001 wird alljährlich im November zum **FILMZ – Festival des Deutschen Films** geladen, dessen Veranstaltungsorte sich über die ganze Stadt verstreuen. Besonders sind die Sparte der mittellangen Filme, der lokale Bezug und der FILMZirkel, bei dem du am Kneipentisch mit renommierten Filmemachern und Schauspielern quatschen kannst. www.filmz-mainz.de

Dazu gibt es auch zwei Festivals, die den alten Gaul Literatur so richtig auf Trab bringen. Einzigartig ist die **Mainzer Minipressenmesse**, denn hier geht es ganz in Gutenbergs Sinne um schöne und gute Bücher. Jeweils im Juni strömen über 10.000 Besucher ans Rheinufer, um neue Produkte der internationalen Szene der Kleinverlage und Handpressen zu bewundern. Dazu noch ein saftiges Rahmenprogramm, u. a. im KUZ, und das Buch ist gebunden! www.mmpm.de

Wenn es dann heißt **mischen possible**, geht es nicht etwa um einen Cocktail-Kongress, sondern ebenfalls um das geschriebene Wort. Immer im Mai werden vom Literaturbüro Autoren der jüngeren Generation an den Rhein geholt. www.literaturbuero-rlp.de

Am anderen Ufer

Die Reduit in Mainz-Kastel gehört eigentlich schon zu Wiesbaden, aber die Tanzwütigen unter den Roihesse zählen sie zu ihrem Stammland. Großes Highlight der Indoor-Konzerte sind die **Open-Air-Ska-Konzerte** im Juni und Juli. Zur Johannisnacht im Juni gibt es den ganzen Tag umsonst internationalen Ska und dann kannst Du Atem holen am Rhein und Feuerwerk gucken. Kult!

Unersättliche können außerdem im August drei Tage lang in der Reduit Livemusik hören. Auf dem **Rockfield Open Air** wird getanzt und abgerockt bis zum Gehtnichtmehr, das alles umsonst und draußen. Grund: Die Kulturfabrik Airfield, ein Haufen lokaler Bands aller Richtungen, will Dir etwas Gutes tun. www.kulturfabrik-airfield.de

Größtes Festival in der Kurstadt ist das **Folklore**. Hier gibt es im August neuere Rock- und Indiemusik und es ist gar nicht teuer! Praktischerweise steigt das Ganze im Schlachthof direkt am Hauptbahnhof. www.folklore-wiesbaden.de

endlich   Mainz   endlich

endlich   endlich   Mainz

Konzert Kinosessel
Klassik
Theater
Poetry-Slam

Wiesbaden hat einige gewichtige Filmfestivals:

exground im November zeigt von allem etwas. www.exground.com

go east! verschreibt sich dem mittel- und osteuropäischen Film.
www.filmfestival-goeast.de

Unbedingt zu empfehlen ist auch das Biebricher Schloss, wo aufwändig
beschaffte internationale Filme im O-Ton laufen. Dort findet auch das
Internationale Trickfilmfestival statt. www.filme-im-schloss.de

Kunst

Genialer Kunstgriff oder Unfall?! Manchmal ist das schwer zu sagen.
Zum Glück ist in Mainz für genügend Ausstellungsfläche gesorgt, um
Dein ästhetisches Verständnis immer wieder aufs Neue auf die Probe zu
stellen:

Größtes Kunstmuseum ist das **Landesmuseum** (Große Bleiche 49-51)
mit dem imposanten goldenen Gaul auf dem Dachgiebel. Das kostet fast
nichts und hier gibt es alles von der Römerzeit bis zu Picasso.
www.landesmuseum-mainz.de

Eine jüngere Errungenschaft ist die
Kunsthalle (Am Zollhafen 3-5) im
neu entstehenden Zollhafenquartier.
Hier kannst Du brandaktuelle Werke
betrachten. Auch der schiefe Turm
des denkmalgeschützten Gebäudes
ist sehenswert.
www.kunsthalle-mainz.de

Die **Kunsthochschule Mainz** (Am Taubertsberg 6) ist zwar eine Lehr-stätte für das kreative Fach, man kann aber auch einfach hingehen und sich umschauen. Richtig los geht es dann im Februar, wenn zum Rund-gang geladen wird – hier zeigen alle Studierenden ihre besten Arbeiten. www.kunsthochschule-mainz.de

Ein cooler Ort für Ausstellungen ist auch der mittelalterliche **Eisenturm** (Rheinstr. 59), der von einem gleichnamigen Kunstverein genutzt wird. www.kvem.de

Immer geöffnet ist das Freiluftmuseum Rheinufer. Hier stehen vom Rathaus bis zur Neustadt Plastiken der letzten vierzig Jahre, die Du sogar anfassen darfst.

Für Kunstsinnige gibt es aber noch mehr:

Die **Galerie Dorothea van der Koelen** (Hinter der Kapelle 54, Bretzen-heim) zeigt Abstraktes. www.galerie.vanderkoelen.de

Die **Ringstube** in der Neustadt (Kaiser Wilhelm Ring 40) ist ein studen-tisches Kollektiv. www.ringstube.de

Die **Walpodenakademie** (Neubrunnenstr. 8) mischt alle Medien zusam-men. www.blog.kunstzwerg.net

Das **Peng** (Rheinalle 79-81) schließlich ist ein interaktiver Laden mit viel Foto, Malerei, Film und Design. www.pengland.de

Auf der anderen Seite

Die hessischen Nachbarn haben ein hervorragendes **Kunstmuseum** (Friedrich-Ebert-Allee 2) und den ebenso empfehlenswerten **Künstler-verein Walkmühle** (Walkmühle 1/Bornhofenweg 9), bei dem auch Mainzer oft ihre Arbeiten ausstellen. www.museum-wiesbaden.de www.walkmuehle.net

Konzert Kinosessel
Klassik
Theater
Poetry-Slam

Museen

Wie haben die Römer eigentlich in Mainz gelebt? Und wo gibt es denn bitteschön Antilopen in der Rheinstadt? Die Neugier stillen lässt sich bestens in den Mainzer Museen. Das ist nicht so langweilig, wie es klingen mag, man muss sich einfach nur mitreißen lassen.

Die Druckwerkstatt von Gutenberg lässt sich im **Gutenberg-Museum** (Liebfrauenplatz 5) in der Altstadt besehen – zugegeben, eine Nachbildung. Aber man kann sich die kraftraubende Arbeit gut vorstellen, die das Drucken, etwa der berühmten 42-zeiligen Bibel, im 15. Jh. bedeutete. Diese und andere Zeugnisse aus der gesamten Geschichte der Buchkunst umfasst die Sammlung, außerdem kann man auch selbst einmal Hand anlegen im Druckladen. www.gutenberg-museum.de

Auch Ötzi war schon hier. Das **Römisch-Germanische Zentralmuseum** (Ernst-Ludwig-Platz 2/Neutorstr. 2b) genießt also wirklich Weltruhm. Der Eiszeitmann hat davon freilich nichts mitgekriegt, dafür kannst du hier Vorgeschichte, Römerzeit und frühes Mittelalter aufleben lassen. Eine Besonderheit ist das nachgebaute Römerschiff, dessen Vorbild einst in Mainz aus dem Rhein gezogen wurde. www.rgzm.de

Theater
Kinosessel
Klassik
Konzert
Poetry-Slam
//169

Nicht nur Fossilien zeigt das **Naturhistorische Museum** (Reich-klarstr. 10). Durch die Sammlung, die u. a. Afrika als Schwerpunkt hat, kann man immer wieder spazieren. www.mainz.de/nhm

Einen echten Tempel, nämlich das Heiligtum der Isis und Mater Magna, gibt es in der **Römerpassage**. Nach dem Shopping kannst du dort hinabsteigen und wie die Römer des 1. Jh. um Beistand bitten.
www.roemisches-mainz.de

Mainz bleibt Mainz, wie es singt und lacht – das weiß jeder. Um aber sicherzugehen, gibt es das **Fastnachtsmuseum** (Neue Universitätsstr. 2 /Proviant-Magazin). In einem Rundgang kann man Garden, Schwellköpp & Co. studieren. www.mainzer-fastnachtsmuseum.de

Außerdem gibt es noch das **Dom- und Diözesanmuseum** im Kreuzgang des Domes, wo auch der Domschatz aufbewahrt wird, sowie das **Stadt-historische Museum** in der Zitadelle. Das letztere informiert u. a. auch über die lange Geschichte des jüdischen Magenza.

Auf der anderen Seite

Neben diversen historischen Museen gibt es in der Apfelwein-Metropole auf der anderen Rheinseite das **Aktive Museum Spiegelgasse** (Spiegelgasse 11), welches das jüdisches Leben in Wiesbaden behandelt.
www.am-spiegelgasse.de

Interessant ist auch das **frauen museum wiesbaden** (Wörthstr. 5), das u. a. historische Figuren von Göttinnen sammelt.
www.frauenmuseum-wiesbaden.de

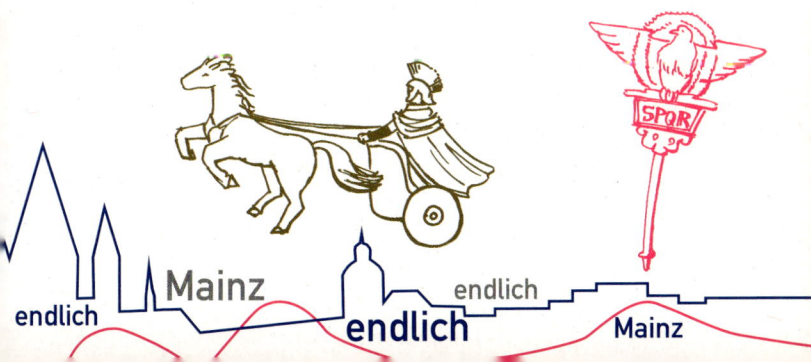

endlich
Mainz
endlich
endlich
Mainz

Konzert Kinosessel
Klassik
Theater
Poetry-Slam

Fassenacht

Rosenmontag – Mainz steht Kopf. Alte Männer in Football-Rüstungen, junge Frauen in Brokkoliform. Die Menschen quellen sturzbetrunken in alle Gassen und gröhlen Lieder wie „So ein Tag, so wunderschön wie heute" oder „Humba Täterä". Aber nicht nur am Rosenmontag, nein, auch am Neujahrsmorgen wirst Du vom Straßenorchester mit Marschmusik aus dem Koma geweckt. Autsch! Was soll das eigentlich alles?

Angefangen hat der Spaß 1837, als aus Köln der dortige Karneval auch nach Rheinhessen importiert wurde. Aber wohlgemerkt: Rollentausch, Maskerade und Gelage hatte es schon seit dem Mittelalter vor der Fastenzeit gegeben. Der Mainzer Carneval-Verein (MCV) wurde 1838 als erster organisierter hiesiger Narren-Club gegründet. Wichtig waren und sind die **Narrensitzungen**, das **Narrenkomitee** und die **Uniformen**, die in der Festungsstadt Mainz unter anderem. österreichische und preußische Soldaten aufs Korn nehmen. Alles sollte auf dem Kopf stehen und der einfache Mensch auch mal Würdenträger sein.

Hohe Bürger tragen heute noch die **Narrenkappe** und überall finden sich die **„Hanswurst-Farben"** Rot, Weiß, Blau und Gelb. Auch der Hauptteil der Straßenfastnacht ist eine Parodie auf das Militär: Verschiedene heldenhafte **Garden** (die älteste von ihnen ist die Ranzengarde) eskortieren den **Prinzen** Karneval.

Während der Zeit des Nationalsozialismus wurde auch in Mainz die Fassenacht unterwandert, wobei einige Narren aufbegehrten. Prominentes Beispiel hierfür ist Seppel Glückert, der als Vorsitzender des MCV nur durch seine Beliebtheit vor Übergriffen geschützt war.

Typisch für die politische Meenzer Fassenacht heute ist etwa der Bote aus dem Bundestag als Büttenredner. Auch bei der Straßenfastnacht wird ganz schön deftig ausgeteilt, wenn die Themenwagen und **„Schwellköpp"** (übergroße Pappmachégrimassen v. a. von Prominenten) des Umzuges ihre Runden drehen.

Merke: In Mainz wird weder "Karneval" gesagt, noch "Alaaf" gerufen. Probier's doch mal mit "Fassenacht" und "Helau"!

wann wird wo gefeiert? Alles dazu s. "feste Feste", S. 177

Außerdem gehen in Rheinhessen Feiern und Fußball Hand in Hand: Der Verein Mainz 05 hatte besonders unter Erfolgstrainer Jürgen Klopp mächtig Aufwind. Und so gibt es unzählige Mainz-05-Hymnen, das **„Humba Täterä"** etwa wird besonders gerne von Mainzer Fans zum Besten gegeben. Dieses Lied war übrigens der größte Hit des singenden Mainzer Dachdeckers Ernst Neger, dessen Nachkommen die närrische Tradition auch fortsetzen.

Wir singen Humba Humba Humba Täterä Täterä Täterä

Wir singen Humba Humba Humba Täterä Täterä Täterä

Lustig sind übrigens auch die studentischen Feiern, wie z. B. der **AStA-Lumpenball**, die weniger traditionell geprägt sind. Mach Dich auch schlau, ob Deine Wohnung an der Marschroute irgendeines Umzuges liegt. Wenn man vom eigenen Balkon aus den Umzug von oben anschauen kann, hat man schon das perfekte Rosenmontagsprogramm.

endlich   Mainz   endlich   endlich   Mainz

Musik

Musik

Bierbank

Musik

Weinfest Feier Fe

Weinfest

erleben

Feie

Musik

feste Feste
Feste feste Feste
feste Feste
feste Feste

Musik
Bierbank
Bierbank
Weinfest
Musik
Musik Bierbank
Feiern
Feiern
Bierbank
Musik
Bierbank Weinfest
Weinfest
Feiern

Musik Wein Weinfest
Sommer
Bierbank

Da die Mainzer weithin als fröhliches Völkchen bekannt sind, ist es nicht weiter verwunderlich, dass hier übers Jahr verteilt einiges an ausgelassenen Festen gefeiert wird. Das Schöne daran ist, dass viele davon jedes Jahr aufs Neue stattfinden und man im Januar schon genau weiß, auf was man sich so freuen kann.

Ist man also ein Freund von Geselligkeit, Ausgelassenheit und dem ein oder anderen Gläschen in Ehren, sollte man sich die folgende Termine rot im Kalender anstreichen.

Weinfeste

Sobald die ersten warmen Sonnenstrahlen den nahenden Sommer ankündigen, reiben sich die Mainzer voller Vorfreude die Hände, denn sie wissen genau: Bald geht es wieder los. Weinfestsaison! Denn der Wein ist hier in Rheinhessen, Deutschlands größtem Weinbaugebiet, nicht bloß ein guter Tropfen, sondern ein Lebensgefühl. Und so verbringt man auch gerne mal eine ganze Jahreszeit mit winzerischer Gemütlichkeit und fröhlicher Trunkenheit.

Auf den Weinfesten präsentieren regionale Winzer sich und ihre soliden bis edlen Tröpfchen, dazu gibt es allerlei rustikale Spezialitäten vom "Spundekäs mit Brezeln", über "Handkäs mit Musik" bis hin zum knusprigen "Dinnele". Das Prinzip ist übrigens immer das gleiche: Du kaufst Dir ein sogenanntes Festglas und lässt Dir das wieder und wieder und wieder auffüllen.

Mainzer Weinmarkt

Als Höhepunkt der Weinfestsaison beschlagnahmt der Mainzer Weinmarkt für zwei aufeinanderfolgende Wochenenden im Juli/August einen Teil des Volksparks in der Oberstadt. Gemütlich schlängeln sich die verschiedensten Ständchen und Zelte entlang der verschlungenen

Riesling vom Rhein

2010

Wege und kleine Lichtoasen laden inmitten der dunklen Rasenfläche zum Verweilen ein. An anderen Stellen geht es etwas ausgelassener zu, mit lauter Musik und Tanzflächen. Absoluter Vorteil: Der Weg nach Hause ist meist nicht weit. www.mainzer-weinmarkt.de

St. Albansfest

Das Bodenheimer Weinfest eröffnet Jahr für Jahr Anfang Juni die Weinfestsaison und ist obendrein das einzige, das inmitten von Weinreben („Wingert") stattfindet. Irgendwann ist es hier dann meistens so voll, dass man sich kaum noch bewegen kann. Das gibt Dir unter Umständen aber auch den nötigen Halt …

Hechtsheimer Weinfest

Zwar auch im Vorort, aber gut zu erreichen, dank Stadtbusanbindung. Romantisch gelegen am Hang des Kirchenstücks lädt das Hechtsheimer Weinfest immer Anfang Juli ein zu einem ruhigen und gemütlichen Abend, ohne laute Musik und ohne Partystimmung. Am besten setzt Du Dich mit einem Glas Wein auf ein Fleckchen Wiese und genießt die Aussicht.

Mainz
endlich
endlich
endlich
Mainz

Nackenheimer Weinfest „im fröhlichen Weinberg"

Sehr uriges Festchen, das sich durch den ganzen Ort bis rauf zum Rothenberg schlängelt. Man sollte sich auf jeden Fall die Mühe machen, den Berg zu erklimmen, denn oben angekommen hat man eine wunderbare Aussicht – und das freitags stattfindende Feuerwerk lässt sich von hier auch am besten bestaunen.

Niersteiner Weinfest

Hier ist mit Sicherheit für jeden was dabei, denn womit dieses Fest definitiv punkten kann, ist Vielfältigkeit. Nebst den traditionellen Weinständchen entlang der kleinen Gassen gibt es einen Künstlermarkt, auf dem man allerlei Schönes, (mehr oder weniger) Nützliches und immer Leckeres einkaufen kann. Und auf die jüngeren Besucher wartet am Rhein sogar eine Kirmes mit Autoscooter, Karussell & Co. Immer Anfang August.

Oppenheimer Weinfest

Oppenheim ist das wahrscheinlich bekannteste der kleinen Weindörfer, aber auch am weitesten weg von Mainz. Gerade im Sommer verschlägt es viele Touristen von nah und fern hierher, nicht zuletzt wegen des faszinierenden unterirdischen Kellerlabyrinths. Und ebenso labyrinthartig windet sich mitten im August das Weinfest durch die kleinen Sträßchen und schafft ein wunderbar romantisches Bild.

Fassenacht

So sagt der Mainzer zu Fastnacht. Absolutes Tabu sind angebliche Synonyme wie „Karneval" oder noch schlimmer „Fasching". Das alljährliche Spektakel, welches man schon nicht mehr als Fest, sondern eher als Ausnahmezustand bezeichnen sollte, findet Ende Februar oder auch mal Anfang März statt. Selbst wenn Du Fastnachtsmuffel bist, ist es eigentlich unmöglich, Dich dem Trubel zu entziehen, denn Mainz ist zu dieser Zeit Narrenhochburg, und zwar die ganze Stadt – ohne Ausnahme!

Menschen in bunten Kostümen und einer unverschämt großen Menge guter Laune tummeln sich auf den Straßen, rufen Helau, essen Fleischwurst, schmeißen Konfetti, und naja, der ein oder andere übertreibt es sicherlich auch etwas mit den alkoholhaltigen Getränken. Doch für ein langes Wochenende (Donnerstag bis Aschermittwoch) wirst Du damit schon klarkommen, eine Wahl hast Du eh nicht.

Warum gibts Fassenacht eigentlich und wer in Mainz steckt hinter dem bunten Treiben? Alle Hintergrundinfos und ein bisschen Historie findest Du im Kapitel „Kultur und so"! S. 170

Die unterschiedlichen Fassenachts-Formate sind Sitzungen, Bälle und die Straßenfastnacht. Für erstere solltest Du ein schickeres Kostüm und ganz viel Sitzfleisch, für den Ball statt des Sitzfleisches ein Tanzbein und für letztere eher praktische Kostüme im Sinne des warmhaltenden Zwiebelprinzips mitbringen. Auf den nächsten Seiten findest Du eine kleine Übersicht der wichtigsten Veranstaltungen, die Du auf gar keinen Fall verpassen darfst:

Musik Wein Weinfest
Sommer
Bierbank

Altweiberdonnerstag

Das ist DER Tag, der das närrische Wochenende einläutet und an welchem Männer am besten nur mit nem alten Schlips (Krawatte) rumlaufen, denn der muss garantiert dran glauben. Abends finden sich die meisten Narren in der Altstadt ein, um zusammen zu feiern.

Tanz auf der Lu

Auch wenn man als Ungeübter am Fastnachtssonntag den Drang verspürt, eine Pause einzulegen, darf man den Tanz auf der Lu auf keinen Fall verpassen ("Lu" kommt von "Ludwigsstraße", denn hier findet das Ganze statt). Auf der großen Bühne am Schillerplatz spielen verschiedene Bands und hier versammelt sich auch die Partymeute. Die ganze Lu entlang, über den Marktplatz, bis hin zum Fischtor sorgen Fressbuden für das leibliche Wohl und ganz am Ende gibt es eine kleine Kirmes.

Rosenmontagsumzug

"Am Rosenmontag, bin ich geboooohoren ...", so sang einst Margit Sponheimer in der Mainzer Fastnachtshymne. Als absolutes Highlight der Meenzer Fassenacht ist er zugleich inoffizieller Feiertag, denn an diesem Tag muss keiner arbeiten.

Mehr als 150 Zugnummern bestehend aus Garden, Vereinen und verschiedensten närrischen Gruppen fahren, laufen oder reiten quer durch die ganze Stadt. Dabei wird Guggemusik gemacht und Kamelle werden geschmissen. Eine bunte Sache. Doch damit ist es noch lange nicht getan, denn danach geht es munter weiter auf der ...

Rosenmondnacht

Hier ziehen die Narren hin, wenn der Rosenmontagszug vorbei ist. Auf der wahrscheinlich größten Open-Air-Fastnachtsparty Deutschlands am Mainzer Hoefchen wird bis in die Puppen getanzt, gefeiert und gebechert. Eine große Bühne sorgt mit einem Mix aus Schlager-, Pop- und Schunkelmusik für die passende Stimmung.

Dabei kann es durchaus auch vorkommen, dass sich das ein oder ande-re Mal eine Blasmusikgruppe in voller Aktion den Weg durch die Men-ge bricht. Zwar gibt es auch noch eine weitere Bühne am Fort-Mala-koff-Park auf der Rheinstraße, doch da herrscht prinzipiell einer eher rauere Stimmung.

Sommerfeste

Na endlich: Es ist warm genug, um auch abends draußen zu sitzen und gesellig zu sein. Das muss natürlich ausgiebig genutzt werden – und was wäre dafür besser geeignet als das eine oder andere sommerliche Fest?!

Bierbörse

Als Kontrastprogramm zur Mainzer Weinliebhaberei kommen im Juli auch Bierfans mal auf ihre Kosten. Durch annähernd 1.000 Biersorten aus 75 Ländern kannst Du Dich hier trinken, darunter Kuriositäten wie Hanfbier oder Route 66-Bier.

Gutenberg-Marathon

Seit dem Jahre 2000 (Gutenbergs 600. Geburtstag) findet in Mainz jedes Jahr wieder, anlässlich Gutenbergs Ehrentag, ein Marathon statt. Sportliche Aktivität in Form eines ganzen, halben oder Handbiker-Mara-thons geht hier einher mit lauter Musik, vielen, vielen feiernden Men-schen und einer großen Sportmesse in der Rheingoldhalle. Immer im Mai.

endlich
Mainz endlich
endlich Mainz

Musik Wein Weinfest
Sommer
Bierbank

Johannisfest

Also Herr Gutenberg kommt in Mainz offensichtlich nicht zu kurz. Zwar ist das Fest offiziell nach Johannes dem Täufer benannt, findet aber eher zu Ehren Johannes Gutenbergs statt, denn hierbei steht alles im Zeichen der Druckkunst. Nebst traditionellen Ritualen wie dem **Buchdrucker-Gautschen** gibt es natürlich auch jede Menge Entertainment. Den Rhein entlang zieht sich ein toller Künstlermarkt bis hin zur Kirmes am Fischtor, weiter über die Lu (Ludwigsstraße) und bis zum Schillerplatz. Biegt man am Dom ab zum Leichhof, lohnt es sich, einen kleinen Bummel über den dortigen Büchermarkt zu machen. Und montags erreicht das Ganze seinen Höhepunkt mit dem abschließenden Feuerwerk. Immer Ende Juni.

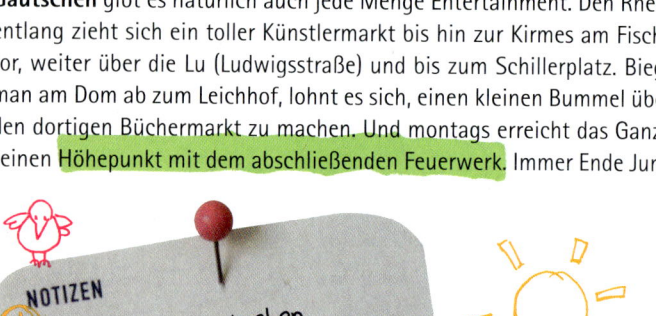

NOTIZEN

Buchdrucker-Gautschen

Tradition unter Buchdruckern und Schriftsetzern. Dabei werden Lehrlinge, die ihre Lehre beendet haben mitsamt ihrer Klamotten in einen großen Bottich mit Wasser getaucht und das soll symbolisch die schlechten Gewohnheiten aus der Lehre abwaschen bzw. eine Art Taufe sein (Eigentlich bezeichnet Gautschen aber das Abtropfen frisch geschöpften Papiers auf einer Filzmatte).

Erdbeerfest

Weil es so süß und lecker ist, feiert ganz Gonsenheim Ende Mai das kleine rote Früchtchen. Mit einem kleinen Festzug schreitet die Erdbeerkönigin durch den ganzen Ort und wer nicht zu Fuß gehen möchte, dreht einfach eine Runde mit dem Erdbeer-Express. Doch auch unerdbeeriges wie Modenschauen, verkaufsoffener Sonntag der ortsansässigen Geschäfte und Beschäftigungsmöglichkeiten für Kinder erwarten Dich hier.

AStA-Sommerfest

Eine alljährliche Riesen-Gaudi auf dem Uni-Campus. Das sagt natürlich auch schon viel über die Hauptzielgruppe aus: Studenten. Natürlich ist das Fest aber für jedermann offen, sogar für Kinder gibt es ein kleines Programm.

Verschiedene Bands sorgen auf zwei Bühnen für Mords-Stimmung, außerdem kann man sich im Discozelt vergnügen oder man chillt an einem der vielen Getränke- und Cocktailstände. Wer ein Päuschen braucht, setzt sich ganz einfach mit einem kühlen Getränk auf eine der kleinen Grünflächen und genießt die ausgelassene Stimmung.

Noch mehr tanzen?!
Feiern, S. 114

endlich   Mainz   endlich

endlich   Mainz

Schinderhannes

Rheingold

Loreley

Bonifatius

Bonifatius

bonifatius

Bonifatius

Rhein

Rhein

Rheingold

endlich!

Mainzer Rad

Mainzer Rad

Mainzer Rad

Mainzer Rad

Mainzer Rad

Mainzer Rad

Mainzer Rad

Mainzer Rad

Mainzer Rad

Mainzer Rad

Mainzer Rad

Bo

Bo

Mythen

Mythen
Mythen

Schinderhannes
Sex
Sex
Sex
Sex
fatius
Loreley
Bonifatius
Loreley
Schinderhannes
Schinderhannes
Loreley
Sex
Schinderhannes
Loreley
Mainzer Rad
Loreley
Mainzer Rad
Mainze

Mainz ist alt, sehr alt, sagenumwoben alt! Und im Laufe der Zeit haben sich viele mehr oder weniger glaubwürdige Geschichten angesammelt, die man sich hinter vorgehaltener Hand oder ganz offen erzählt: Gerüchte, Klatsch und Mythen von Aufstieg und Niedergang, von Heldentaten, ausgemachten Dummheiten und düsteren Machenschaften ...

Das Mainzer Rad

Jeder in Mainz stolpert irgendwann über das Mainzer Rad, das Stadtwappen dieser Rheinhessenmetropole. Nicht zuletzt deswegen, weil es fast jeden Gullideckel ziert.

Die Brüder Grimm versichern, es sei auf den berühmten Bischof Willigis, den Erbauer des Doms, zurückzuführen. Dieser war ein einfacher Mann und sein Vater ein Wagner – ein Radmacher. Deshalb malten gehässige Adelige ihm nach der Wahl zum Kirchenobersten mit Kreide Wagenräder an Türen und Wände. Das war für den Frommen aber gar keine Schmach und er befahl, in seinen Gemächern überall weiße Räder auf rotem Grund an die Wand zu malen und folgenden Reim dazuzusetzen: „Willegis, Willegis, denk woher du kommen sis". Fortan wurde das weiße Rad als Bischofswappen geführt.

Clemens Brentano hingegen erzählt in seinen Rheinmärchen, wie der Müller Radlauf zum König von Mainz wird. Wegen seines Handwerks bestimmt er das Rad zum Wappen der Stadt. Wieder andere Quellen sagen gar, es sei ein uraltes Zeichen des keltischen Sonnengottes Mogon...

Der waghalsige Bonifatius und die wilden Friesen

Oberster Märtyrer von Mainz ist der Heilige Bonifatius. Er brachte im achten Jahrhundert von England aus den Ungläubigen in Germanien das Heilige Wort und unternahm waghalsige Expeditionen ins heutige Bayern, Hessen und Thüringen.

Bei einer dieser Fahrten entsetzte er die „Wilden" mit einer symbolischen Tat: Er fällte in Nordhessen eine Eiche, die dem Gotte Donar geweiht war, um zu beweisen, dass sein Gott stärker war als der heidnische.

Das Unheil blieb aus, Donar rächte sich nicht und so konnte Bonifatius seine Provokation als Erfolg verbuchen. Schließlich wurde er Bischof von Mainz. Im Jahr 755 ließ er sich vermutlich absichtlich von den noch wilden Friesen erschlagen, um als Märtyrer zu sterben.

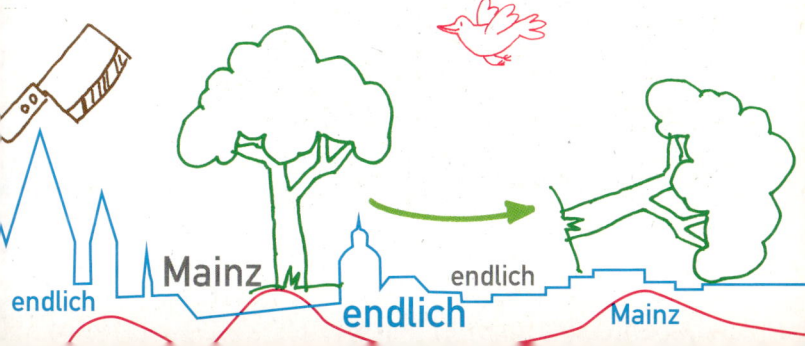

Mogontiacum und die „ebsch Seit"

Für die Stadtgründung von Mainz/Mogontiacum sind die alten Römer verantwortlich. Von hier aus führten sie viele Feldzüge gegen die Germanen, besonders gegen die wilden Chatten direkt auf der anderen Rheinseite. Diese konnten jedoch nie dauerhaft besiegt und "zivilisiert" werden und so mag sich das heute noch gespaltene Verhältnis zu der „ebsch Seit" erklären.

Zu seinen besten Zeiten war Mogontiacum Hauptstadt der Provinz Obergermanien. 500 Jahre römischer Herrschaft haben ihre Spuren hinterlassen und Du stolperst noch heute überall in Mainz über alte Steine – etwa das Römische Theater und den Drususstein, der an den Stadtgründer und Feldherren Drusus erinnert.

siehe Besuch, S. 141

Römisches Theater

Rheingold und Loreley

Ein Grund dafür, dass es Mainz überhaupt gibt, ist die günstige Lage am Rhein. Der Fluss hatte schon immer eine gewisse Aura, die man auch heute noch spüren kann, wenn man das träge dahinströmende Wasser betrachtet.

Irgendwo da unten muss noch das Rheingold der Nibelungen liegen, die einstmals bei Worms lebten. Der Held Siegfried rang diesem Volk einen unermesslichen Schatz ab, woraufhin Mord und Intrigen entbrannten.

Am Ende wurde Siegfried getötet, die Nibelungen aber von den Hunnen besiegt. Da auch Siegfrieds Ehefrau umkam, ging das Wissen um das Versteck der Reichtümer verloren.

Auch die bekannte Loreley saß nicht weit von hier, stromabwärts, auf dem gleichnamigen Felsen und lockte mit ihrer schönen Stimme Rheinschiffer ins Verderben.

Amram von Mainz

Im elften und zwölften Jahrhundert waren die Städte Mainz, Worms und Speyer ein Zentrum des Judentums in Zentraleuropa.

Amram von Mainz zum Beispiel leitete schon im zehnten Jahrhundert eine jüdische Hochschule in Mainz. Später ging er nach Köln, um dort eine neue Schule zu gründen.

Als er alt war und dem Tod nahe, wollte er aber gerne in „Magenza" – so hieß das jüdische Mainz – begraben werden. Seine Schüler allerdings fürchteten Schwierigkeiten und zögerten, ihm das zu versprechen. Und so befahl er ihnen, seinen Sarg auf dem Rhein auszusetzen. Sie trauten ihren Augen nicht, als dieser von alleine nach Mainz, also stromaufwärts, schwamm.

Dort angekommen, verbot der christliche Erzbischof die Verehrung und Heiligenbeerdigung des Rabbi. Daraufhin wurde die Leiche so schwer, dass niemand sie mehr anheben konnte. Der Bischof befahl die sofortige Errichtung einer Kirche an eben dieser Stelle, um zu verhindern, dass die Juden seinen Leichnam in ihre Gewalt bringen. Jedoch: Amram erschien seinen Kölner Schülern als Geist und forderte sie auf, seinen Leichnam auszutauschen, während die Wachen schliefen. Deswegen wird man Amram heute vergeblich in Mainz suchen.

Gutenberg

Mann des Jahrtausends, Erfinder des Buchdrucks, einer der Begründer der Neuzeit: So wird Johannes Gutenberg genannt.

Vom Leben dieses Mannes sind nur Eckdaten bekannt und es gibt auch kein Bildnis aus seiner Zeit. Eigentlich trug er auch den wohlklingenden Namen Gensfleisch. Man weiß, dass er in Mainz ein Druckereiunternehmen hatte und hier u.a. seine berühmte 42-zeilige Bibel druckte. Das – für die damalige Zeit – Unglaubliche daran: Er benutzte statt Druckplatten einzelne, per Hand gegossene Bleibuchstaben.

Dadurch wurde das Drucken schneller und flexibler, denn bei Fehlern in der Druckplatte konnte einfach der betreffende Buchstabe ausgetauscht werden. Leider hatte er jedoch einen Schuldenstreit und musste seine Errungenschaften an einen Gläubiger abgeben. Aber: An den Gläubiger erinnert sich heute niemand mehr ...

Der Schinderhannes §§

Eine richtige Räuberpistole ist schließlich die Geschichte von Johannes Bückler, genannt Schinderhannes.

Er wurde 1803 in Mainz mit dem Fallbeil hingerichtet, nachdem er als Räuber vorher fast zehn Jahre lang zwischen Mainz und Trier sein Unwesen getrieben hatte. Diebstähle, Erpressungen und Raubüberfälle gehörten zu seinem Tagwerk. Dabei hatte er viele, andauernd wechselnde Gefährten, die ihm u.a. bei einem spektakulären Gefängnisausbruch im Hunsrück halfen. Neunzehn von ihnen wurden zusammen mit dem berühmten Räuber hingerichtet.

Noch als er gefangen im Holzturm des zu dieser Zeit französischen Mainz saß, erschienen die ersten Bücher über ihn – natürlich erstunken und erlogen, genau wie die Legende, er habe den Armen geholfen.

Seine Leiche ist heute unauffindbar, aber weitergesponnen wurde mit Wonne. Gruselig: Wo einst sein Kopf fiel, kannst du heute schön spazieren gehen – im Stadtpark.

siehe Mainz fiktiv, S. 195, 197

Die Uni und der Sex

Achtung – jetzt wird's heiß!

Der Playboy veröffentlichte 2001 eine Studie zum Thema Sex an der Uni, in der Mainz in allen Kategorien Spitzenplätze belegte: Sexuelle Zufriedenheit Platz zwei, One-Night-Stands Platz drei … Ob das an den langweiligen Mainzer Vorlesungen liegt oder am hohen Attraktivitätspegel im Hörsaal, ist aber unbekannt.

Wenn Du also Single bist oder ein Abenteuer suchst, ist die Uni also offenbar der richtige Ort für Dich, vielleicht sind die Daten ja immer noch aktuell.

endlich   Mainz   endlich
endlich   Mainz

Das siebte Kreuz
Tödliches Finale
Narrenmord
Der fröhliche Weinberg
Die Pestärztin

Die Pestärztin
Die falschen Caesaren
Rheinmärchen
Tödliches Finale

Tödliches Finale
Narrenmord
Die Pestärztin
Die falschen Caesaren
Das siebte Kreuz
Der fröhliche Weinberg

fiktiv

Mainz

Mainz

fiktiv

fiktiv

fiktiv

Narrenmord

Das siebte Kreuz

siebte Kreuz

Die falschen Caesaren

Der   Die Pest...   Tödliches Finale

Tödliches Finale

Narrenmord

Es gibt so Tage, da ist das Leben einfach grau und langweilig. Selbst in Mainz soll so etwas Gerüchten zufolge mal vorkommen. Schluss mit dem schnöden Alltag und rein ins fiktive Mainz!

Mal gruselig, schön oder traurig, für den Geist, das Herz oder auch die Lachmuskeln: Mainz ist immer wieder Schauplatz von anspruchsvollen und auch weniger anspruchsvollen literarischen und filmischen Ergüssen. Hier ein kleiner Überblick:

Mainz zum Lesen

Claudia Platz: Die falschen Caesaren
(Leinpfad Verlag)

Mogontiacum – das ist der Name des römischen Mainz. Im Roman „Die Falschen Caesaren" geht es um Macht und Intrigen des Imperiums kurz nach Christus. Die Architekten Claudius und Marius sollen in Mogontiacum eine Brücke über den Rhenus (also den Rhein) bauen und wollen sich bei der Gelegenheit die bekannten Drusus-Festspiele ansehen. Doch einer ihrer Begleiter wird ermordet und röchelt Marius noch ein weitreichendes Geheimnis ins Ohr. Jetzt heißt es für den Helden verdeckte Nachforschungen anzustellen, die nicht nur auf die gefährliche andere Rheinseite führen ...

© Leinpfad Verlag

Reinhard Boos: Tod im Stadion, Tödliches Finale
(Rheinlese Verlag)

Für alle Fußball-Freunde ist Reinhard Boos mit seinen regionalen Ball-Krimis „Tod im Stadion" und „Tödliches Finale" ganz vorne mit dabei.

Hauptperson ist Kommissar Fuchs, ein eingefleischter Fußballfan. Die Begeisterung für die schönste Nebensache der Welt wird aber auf die Probe gestellt, als es nach dem erfolgreichen Spiel um den Klassenerhalt zu einem mysteriösen Mord im Stadion kommt („Tod im Stadion"). In „Tödliches Finale" geht es um den Aufstieg! Doch dann verschwindet vier Tage vor dem alles entscheidenden Spiel der Torjäger spurlos.

René Goscinny/Albert Uderzo:
Asterix uff määnzerisch 1
Kuddelmuddel ums Kupperdibbe
(Ehapa Comic Collection)

Zwar war Asterix nachgewiesenermaßen nie in Mogontiacum. Dafür gibt es aber den Comic-Band „Kuddelmuddel ums Kupperdibbe" original uff Meenzerisch! Wer die putzigen Gallier mag und außerdem selbst mal „so rischdisch babbele" will, der wird hier bestens bedient: „Ganz Gallien is vun de Römer oigesäckelt worrn ... Ganz Gallien? Nää!"

© Les Editions Albert René/ Uderzo-Goscinny

Ricarda Jordan: Die Pestärztin
(Bastei Lübbe)

Ins dunkle Mainz des Mittelalters entführt „Die Pestärztin" von Ricarda Jordan. Das christliche Findelkind Lucia wird von einer jüdischen Familie aufgezogen. Das Mädchen lernt von ihrer maurischen Sklavin die Geheimnisse der Heilkunst und bald bricht in Mainz eine schreckliche Pestepedemie aus. Lucia widmet sich der Pflege der Kranken. Sie eröffnet mit einem adeligen Arzt ein Pesthaus, muss aber bald um ihrer beider Leben bangen: Der Arzt infiziert sich selbst und sie muss fliehen, weil Juden und vermeintliche Hexen als Sündenböcke umgebracht werden ... Eine spannende Geschichte um Leben und Leiden im Mittelalter, inklusive Medizin, Minnesang und Massensterben.

Hans G. Thiemt/Hans D. Schreeb:
Der Bader von Mainz
(Ullstein)

Kurz nach der Pest geht dann der Bader von Mainz auf Brautschau. Schauplatz ist ein Badhaus, welches von Reinlichkeit bis Unzucht alles Wünschenswerte bietet. Der 42-jährige Bader Matthes Fuß bemüht sich um Heirat mit dem blutjungen Röschen aus Nierstein. Dabei werden Lebensalltag und Ansichten der kleinen Leute im Mainz des 14. Jahrhunderts ganz ohne Prinzessinnen und Ritter lebendig.

© Ullstein Buchverlage

Clemens Brentano:
Die Rheinmärchen
(Albatros)

Richtig gruselig wird es bei den Märchen vom Rhein von Clemens Brentano. Der brave Müller Radlauf rettet die Prinzessin Ameley und will Thronfolger von Mainz werden. Jedoch hat er das Spiel ohne den bösen König Hatto gemacht: Der jagt ihn weg, weshalb sich der Müller mit Hilfe einer magischen Rohrpfeife mit den Ratten verbündet. Es kommt zu einer Hungersnot, während derer Hatto die hun-

© 2009 Bibliographisches Institut/ Sauerländer, Mannheim

gernden Mainzer einsperren lässt. Als er schließlich doch gestürzt wird, baut er sich den Mäuseturm in Bingen als letzte Zuflucht. Frau und Katze verlassen ihn jedoch und die Ratten fressen ihn als gerechte Strafe auf. Allerdings sind durch eine weitere magische Pfeife alle Kinder von Mainz vom Rhein verschluckt worden. Vater Rhein verspricht jedoch die Rettung der Kinder: Er gibt immer dann ein Menschlein frei, wenn ihm jemand ein Märchen erzählt. So kommt es zu den nun folgenden Geschichten von der „Lureley", der „Prinzessin von Burgund" und dem zwergwüchsigen „tapferen Schneiderlein"

Carl Zuckmayer: Schinderhannes
(Fischer)

Carl Zuckmayer, einer der berühmtesten Autoren der Stadt, streift seine Heimat am Rhein in drei bekannten Werken.
Der Räuberhauptmann Johannes Bückler, genannt Schinderhannes, wird bei Zuckmayer zum echten Helden à la Robin Hood. Zur Zeit Napoleons kämpft der gerechte Dieb im Hunsrück gegen die Ausbeutung der Armen und die gemeinen Franzosen. Die locken ihn allerdings in eine Falle und der Schinderhannes wird in Mainz erst eingekerkert und schließlich hingerichtet.

Carl Zuckmayer: Die Fastnachtsbeichte
(Fischer)

Ein Mord im Mainzer Dom! Darum geht es in „Die Fastnachtsbeichte". Reuige Sünder sollen ebendiese in der närrischen Zeit im größten Gotteshaus der Stadt ableisten.
Der tot im Dom aufgefundene Ferdinand Bäumler ist der verschollene Sohn einer Angestellten im vornehmen Haus de Panezza.

© S. Fischer Verlage

Carl Zuckmayer
Die Fastnachtsbeichte

Die italienische Verwandte dieses Hauses, die kurz nach der Tat zu Besuch kommt, scheint tief in den Fall verstrickt. Der Wirbel der Ereignisse vermischt sich mit dem chaotischen Treiben der Straßenfassenacht.

Carl Zuckmayer: Der Fröhliche Weinberg
(Fischer)

Viel lustiger geht es zu im „Fröhlichen Weinberg". Das Stück dreht sich um die Liebe von Klärchen und Jochen Most und um den Erben des väterlichen Weingutes. Ort des Geschehens ist zwar nicht direkt Mainz, der Neu-Mainzer erhält hier aber einen intensiven Einblick in das rheinhessische Gemüt mit seinem deftigen Humor.

© S. Fischer Verlage

Anna Seghers: Das Siebte Kreuz
(Aufbau Verlag)

Auch ein Widerstandsroman gegen den Nationalsozialismus spielt in und um Mainz. In „Das Siebte Kreuz" von Anna Seghers gelingt es sieben Menschen aus einem Konzentrationslager der Nazis bei Worms zu fliehen. Der Kommandant des Lagers errichtet sieben Kreuze und befiehlt die Flüchtlinge innerhalb von sieben Tagen zu fassen und an den Kreuzen zu hängen. Georg Heisler, der in einer Episode sogar im Mainzer Dom übernachtet, gelingt als einzigem die Flucht, weil er von vielen Leuten auf seinem Weg Hilfe erfährt. Der Roman ist noch vor dem Ausbruch des zweiten Weltkrieges entstanden und wurde u. a. in den USA ein Erfolg. Dort erschien auch bald eine Verfilmung des Werkes mit Spencer Tracy in der Hauptrolle.

© Aufbau Verlag

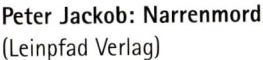

Peter Jackob: Narrenmord
(Leinpfad Verlag)

Auch die Fassenacht hat es in sich, das muss Kommissar Jacques Bekker erfahren. Er ist der Held des grotesken Schmökers „Narren-Mord: Ein Mainzer Fastnachtskrimi", hat eine intrigierende Ex-Frau, einen schmalen Horizont und ein Müllmannkostüm. Und findet ausgerechnet am Fastnachtssamstag eine Frauenhand im Mülleimer. Jetzt muss beim Feiern in und um die Altstadtkneipen auch noch ermittelt werden! Der Autor Peter Jackob teilt herzlich aus unter der echten und der Möchtegern-Prominenz des Mainzer Frohsinns.

Mainz zum Gucken

"Das ist der Schinderhannes,
Der Lumpenhund, der Galgenstrick,
Der Schrecken jedes Mannes,
Und auch der Weiber Stück"

Der Schinderhannes
(Kinowelt)

Wenn du das Buch nicht lesen willst, solltest Du aber auf jeden Fall die schmalzige Verfilmung des „Schinderhannes" mit dem Traumpaar Curd Jürgens und Maria Schell angucken. Denn hier wird sogar gesungen! Ein bisschen Historienschinken, ein bisschen Heimatfilm: Drama, Liebe, Tod und einige Hits, das ist noch Fernsehen für alle Sinne!

zur Entromantisierung siehe
auch "Mythen", S. 189

Tatort
(SWR)

Auch Mainz war schon einmal Tatort im „Tatort". Die Kommissarin Marianne Buchmüller war ab 1978 die erste Kommissarin der Tatort-Reihe. „Der Mann auf dem Hochsitz", „Mitternacht, oder kurz danach" und „Der gelbe Unterrock" hießen die Folgen, in denen die Rheinmetropole, mal beschaulich, mal fassenachtswild, zu – zugegeben kurzem – Fernsehkrimi-Ruhm kam.

endlich   Mainz   endlich

endlich   Mainz

babbisch

babbisch

babbisch

babbisch

radze

radze

radze

Schl

Schl

gell

§

§

§

Sprachregeln
und nützliche
Vokabeln

Schlangdo? Mutsch
gell Rhoi

Meenzer Gebabbel: Rheinhessisch

Die Meenzer Mundart gehört zum Rheinhessischen Dialekt, auch wenn die Meenzer das nicht gern hören. Immerhin liegt Hessen doch auf der "ebsch Seit" (= der falschen, schlechten Rheinseite)! Wer aber auch nur einen oberflächlichen Blick auf die Sprache wirft, wird schnell merken, dass das Meenzerische ... ja, einfach doch zum Rheinhessischen gehört.

Darüber hinaus wurde die hiesige Sprache vom Französischen geprägt, was sich sowohl im Vokabular als auch in der Aussprache zeigt. Der Gehweg heißt hier zum Beispiel Troddwa, die Ähnlichkeit zum französischen trottoir ist nicht zu überhören.

Um mitschwätze oder zumindest verstehen zu können, was die Weinstubb da auf der Karte hat, solltest Du folgende Sprachregeln kennen:

1. Harte Konsonanten sind verpönt.

Aus t wird d oder dd, aus p wird b, aus ch wird sch, ck wird zu gg und so weiter. Ach so, und dann wird auch noch eu zu ei, aber das gehört hier eigentlich nicht hin. Sieht ein Wort also komisch aus, kann man sich der Bedeutung darüber oft annähern. Am besten auch mal laut vorlesen, so kommt man dem Sinn meist näher.

2. Sprachökonomie!

Streich alles, was nicht zwingend notwendig ist! „Bischde schlangdo?" heißt auf Hochdeutsch so viel wie „Bist du schon lange hier?" und ist schon die lange Form dieser Frage. Mundfaulere Individuen kürzen einfach zu „Schlangdo?"

Zu beachten ist außerdem das „do" am Ende: "Do" steht für hier, da, dort, in „hi un do" auch in der Bedeutung von „hin und wieder". Andere Beispiele für das Prinzip der maximalen Kürzung sind „Ei gude wie?" = Guten Tag, wie geht es dir? und „Wem ist das?" für „Wem gehört das hier?".

3. Der Genitiv

Vergiss den Genitiv, damit outest Du Dich nur als Zugezogener. Im Rheinhessischen wird der Dativ verwendet: „Dem Mann sein Haus" statt „Das Haus des Mannes".

4. Vergleiche werden immer mit „wie" angestellt.

Vergiss das Wörtchen „als", das gibt es hier nicht – allerhöchstens noch in Kombination mit „wie": „Das ist besser als wie das andere."

5. Sonderregel Fassenacht

Die sprachliche Grundregel Nummer 1 in der Meenzer Fassenacht heißt: Helau! Wer hier das Pendant mit dem „A", bekannt aus dem weiter nördlich gelegenen Rheingebiet, verwendet, begeht einen unverzeihlichen Fauxpas. Ansonsten bietet Fassenacht die Gelegenheit, die hiesige Mundart mal wirklich in ihrer Hochform gesprochen zu hören: Dialekt ist bei der Bütt nämlich Ehrensache!

Alleine mit diesen Regeln bewaffnet findest Du Dich aber in Mainzer Gefilden nicht zurecht. Um das Vokabellernen kommst Du einfach nicht herum, wenn Du Dich beim Babble mit Meenzern nicht allzu dabbisch anstellen willst – bist doch kein Bleedel, gell?

endlich **Mainz** endlich **endlich** Mainz

Vokabeln für den Alltag

weck, worscht un woi	traditionelle Mahlzeit bei Weinlese und Fastnachtsinsignien: Brötchen, Fleischwurst und Wein
kerb	Jahrmarkt
Mutsch	Mutter
Rachebutzer	saurer Wein
adschee	tschüss
babbisch	schmutzig, dreckig
babble	quasseln
Bleedel	Blödmann
Breggel	einzelne Traube
brunze	urinieren
Bubbes	billiger Hauswein
Daach	Tag
dabbisch	ungeschickt
drumm	darum
ebbes	etwas

Spundekäs mit Brezeln oder Wingertsknorze	DIE Mainzer Spezialität: Frischkäse mit Brezel oder Roggenbrötchen
forzdrugge	sehr trocken, z.B. bei Wein
Fraach	Frage
Gass	Straße
Grummbeer	Kartoffel
gell?	nicht wahr?
gugge	schauen
Gusch	Mund
Schoppe	0,5 Liter Wein, meist als Weinschorle
Halwe	Glas Wein, 0,2 oder 0,25ℓ
Piffsche	kleines Glas Wein, 1/8 oder 0,1ℓ
Mansard	Dachwohnung
naa	nein
Palzwoi / Rhoiwoi	pfälzer Wein / Rheinwein
radze	fest schlafen
radsche	tratschen
Rhoi	Rhein
Sauf-kobb	Säufer
das schlecht Mensch	böse Frau

Deine Mainz-Notizen